BCG经营战略

成熟市场的销售变革

[日]杉田浩章—著
霍星—译

BCGの流
戦略営業

北京时代华文书局

图书在版编目（CIP）数据

BCG经营战略：成熟市场的销售变革 /（日）杉田浩章著；霍星译. -- 北京：北京时代华文书局，2018.9

ISBN 978-7-5699-2563-0

Ⅰ. ①B… Ⅱ. ①杉… ②霍… Ⅲ. ①销售管理 Ⅳ. ①F713.3

中国版本图书馆CIP数据核字（2018）第191265号

版权登记号：01-2016-8512
BCG RYU SENRYAKU DIGYO by HIROAKI SUGITA
Copyright © The Boston Consulting Group K.K.,2016
All rights reserved.
Original Japanese edition published by NIKKEI PUBLISHING INC.,Tokyo.

Chinese (in simple character only) translation rights arranged with
NIKKEI PUBLISHING INC.,Janpa through Bardon-Chinese Media Agency,Taipei.

BCG 经 营 战 略：成 熟 市 场 的 销 售 变 革
BCG JINGYING ZHANLÜE CHENGSHU SHICHANG DE XIAOSHOU BIANGE

著　　者	[日]杉田浩章
译　　者	霍　星

出 版 人	王训海
策划编辑	胡俊生
责任编辑	周　磊　李唯靓
装帧设计	谢元明　段文辉
责任印刷	刘　银

出版发行｜北京时代华文书局　http://www.bjsdsj.com.cn
　　　　　北京市东城区安定门外大街136号皇城国际大厦A座8楼
　　　　　邮编：100011　电话：010-64267955　64267677

印　　刷｜三河市祥达印刷包装有限公司　0316-3656589
　　　　　（如发现印装质量问题，请与印刷厂联系调换）

开　　本	880mm×1230mm　1/16	印　张	16	字　数	136千字
版　　次	2019年3月第1版			印　次	2019年3月第1次印刷
书　　号	ISBN 978-7-5699-2563-0				
定　　价	45.00元				

版权所有，侵权必究

目录

文库版序 / 001

卷首语　重新打造销售

三不管的销售队伍 / 005

重建的关键在于销售TQM / 007

第一章　最前线正在发生什么

孤立无援的战斗 / 002

听听现场的抱怨 / 003

变革的要点都隐藏在"卖不出去的理由"之中 / 015

第二章　为什么销售不肯改变

过去的成功成为了今天的包袱 / 018

阻碍变革的主要因素 / 023

高层不下定决心，就什么都开始不了 / 032

第三章　成功进行了销售典范转移的企业

再春馆制药所深挖数据分析，改善持续采购率 / 037

尤妮佳宠物用品采用行动管理让销售自己进行变革 / 058

瑞可利人力咨询回到顾客价值的原点，进行销售变革 / 076

汽车销售商A公司以实现客户满足为目标，进行现场培训 / 091

第四章　用科学的眼光看待问题

构建组织的"型" / 109

销售TQM的益处 / 112

重新定义管理 / 116

获得科学的眼光 / 120

第五章　让销售TQM成功的十个要点

第一条 设定销售价值的标准 / 141

第二条 设定行动KPI / 149

第三条 引入习惯化管理 / 160

第六章　变革之后防止后退的经验谈

销售变革失败的例子 / 177

让流程成功的要点 / 180

整理结构确保成功实施 / 193

使用意识管理进行持续变革 / 199

第七章　引导销售TQM走向成功的领导力

灵活的指挥官，强硬的领导风格 / 218

高层"教父"的作用 / 222

确立只有我们公司才有的原理原则 / 228

结束语 / 231

文库版序

2009年10月《思考的销售：BCG销售战略》首次发售，我现在又对它进行了新的增补和一些修改，并以文库本的形式重新出版。转眼已经过去了六年，当我开始重新审视销售战略的时候却发现，如何提升销售能力，怎样进行销售组织的变革，创新与开发这些主题依然是管理者们最为关心的问题。和几年前不同的是，困惑的源头发生了变化。以前管理者们最苦恼的事情是如何让僵硬的销售组织能够发生转变，现在管理者们最为头疼的是发生了转变之后的销售组织如何提高销售能力。

为什么会有这样的不同呢？我认为主要是由以下原因造成的。首先是市场竞争激化。日本国内的市场现在已经是高度成熟的市场了，市场上的产品和服务在不断地商品化，因此伴随着市场的不断缩小，竞争越来越激烈。同时，很多企业在进行转变，一些传统企业开始了多元化发展，多元化的发展意味着他们将进入他们的相关领域，昨天还是战友今天却变成了敌人；一些初创企业则引领着跨界发展，他们带着新的技术和新的商业模式在各类市场中横冲直撞。初创企业到处攻城略地的同时，那些新的技术及商业模式也迅速被一些转变快速的企业所学习，不求改变或者改变缓慢的企业已经不能高枕无忧，因为他们的市场正在以惊人的速度被蚕食。这样的例子简直数不胜数。

其次是市场需求的巨大变化。现在经常说的"创造服务的附加值"或者"事业价值变化的必要性，从提供商品到提供解决方案"就是明显的例子。

最后是是IT电子技术的发展。伴随着IT电子技术的发展，人与IT，人与电子技术相结合的销售模型变革在很多企业如火如荼地进行着，但是如何将这些新的模型运用到销售现场，才是组织目前面临的一大挑战。

面对这样的市场变化，面对消费者新的需求，首先要建立起

文库版序

相对应的销售战略，在实践中检验新的销售战略，不断地进行优化循环；真正做到卓越经营，才是让企业保持竞争优势的不二法则。企业竞争的差异化不能仅仅体现在商品、服务这个层次上，如果关注点只在商品与服务上的话，优势的保持时间就不会长久。只有具备了卓越的运营能力，懂得求变的组织才可以保持长久的竞争优势。

本书的重点不在于教授大家如何去制作销售战略。本书将通过许多鲜活的例子，向大家讲述如何进行变革，如何通过变革让组织具备卓越的运营能力，以及向大家讲述在构建竞争战略的时候，如何分析竞争环境，如何看待竞争对手，如何将企业自身所具备的优势发挥到极致。很多企业在面对变化的市场和新的竞争的时候，采取了一些不正确的措施，使用了不恰当的销售战略，制定了不合理的组织目标，乃至于错误的工作模式导致了无可避免的失败。看着这些企业一次次地重复这样的错误，实在是让人心痛不已。

变革并非是一时之功，而是一件长期坚持下去才会显现出效果的工作。作为销售组织，必须持续地对销售的前线进行变革，要在销售前线去发现市场的变化，消费者需求的变化，不能停止对销售战略的反思，要保证整个销售组织时刻处在一种进化的状态。

不断地变化，不断地进步，才可以让组织保持竞争优势。一旦停止变化，那么组织离灭亡也就不远了。但是只要保持持续不断的变化，就有可能长期处于有利的位置。

销售组织只有把变换的理念贯彻到底，才不会轻易被竞争对手所赶超。希望本书可以帮助到那些正在尝试改变公司组织结构，调整经营战略，期望自己的销售人员可以拥有卓越经营的理念，组织具备强大的执行力的管理者们。

波士顿咨询公司 日本代表
杉田 浩章

卷首语　重新打造销售

■ 三不管的销售队伍

什么是销售力？在当今的市场环境中，想要打造一支能够成为企业竞争力之源的销售队伍，最需要的是什么？迄今为止我们波士顿咨询公司（BCG）已经帮助了各行各业的诸多企业进行了销售变革，在这个问题上有一定的发言权。

现在日本企业销售队伍的状态，就和"不看，不说，不听"的三不猴没有什么区别。[①]凡是对自己没有益处的，搞不清楚

[①] 三不猴是日本常见的一种玩偶，三只猴子分别做蒙眼，堵嘴，捂耳状，其寓意源自论语"非礼勿视，非礼勿言，非礼勿听"。译者注

的，或者同事犯下的错误都装作看不见，没听说过，也就不会说出口。各人自扫门前雪，休管他人瓦上霜，逃避现实，只求做一天销售打一天卡。销售组织一旦陷入这种三不猴的状态，企业就已经病入膏肓了，公司高层丝毫不考虑变革的必要性，把自己像蜗牛一样关在壳子里，幻想着既然难以变革那就干脆维持原状，好像这样做公司就能够和以前一样，同时为了欺骗自己，编造各种理由让公司里那些早已过时的理论显得合理。

销售组织都开始陷入困境，但没有人想着该怎么去变，而只是在编造各种理由为自己辩护，产品同质化严重没有竞争力了，谈判的对象十分老练非常难缠了，其他公司给出了不合理的低价了。这些理由确实有一部分事实在内，但是就算这样，也不该马上就放弃努力啊。一点儿挣扎都不做就缴械投降的销售组织是可悲的，真正强大的销售组织越是在艰难困苦之中越是能体现出他们的价值。

大部分的销售组织，面对严苛的环境，往往不知所措，任由事态发展，坐以待毙。可以说现在的日本国内市场是刀光剑影，而国际市场也是硝烟弥漫。销售组织的变革重建，刻不容缓。

■重建的关键在于销售TQM

"什么是销售力?"答案只有一个,作为一名销售可以提供给客户的中介价值。现在,这种中介价值正在不断地降低。这一点,相信每一位销售都是深有体会。

过去我们培养销售只要把他们推到工作现场就好了。那时候,现场有无数的训练机会,销售们在一次次的实战中训练、学习、成长。这样成长起来的强大又独立的销售们再组成强大的销售组织,销售力也就由此而生。过去,强大的销售力是靠一个个强大的销售的聚合构建起来的,那时候对销售组织来说最重要的就是销售们那一份争强好胜的自尊心,甚至可以说过去企业能够做大做强;靠的就是销售们这一份争强好胜的自尊心。然而时代变了,过去的那一套现在已经行不通了。高度成熟的市场,可以轻易获得大量资讯的消费者,越来越严重的商品同质化,在激烈的市场竞争与不断变化的市场环境中,到底应该怎么做,才可以让销售组织重新焕发出生机与活力呢?

我认为本书中所提出的"销售TQM"是解决这一问题的一剂

良方。很多年前，日本的工厂开发出了TQM（全面质量管理）。现在让我们把这一理念从制造现场带到销售现场，一同来见证这一理念将会给销售现场所带来的巨大变化。

工厂的做法怎么可能会适用于销售呢，相信这样的提案肯定会受到很多人的反对。然而事实证明，这种做法是行之有效的。构成销售TQM的关键词包括"科学的眼光""重新设计可提供的销售价值""销售组织的'型'""会思考的销售"。我有幸参与了众多的销售变革，在变革过程中，深深感受到了这些关键词对销售变革的重要性，也就是销售TQM对销售的重要作用。

通过"科学的眼光"来看待现实

我认为日本销售组织现在所欠缺的就是"科学的眼光"。销售组织面对现在这样的困境，首先应该彻底地去理解现状背后的真相，然后在理解现状的基础上去追根溯源，找到并分析问题所在，最后使用基于一定假设基础上的方法去尝试解决问题。同时把这三个步骤作为一个循环，对问题解决之后的效果进行进一步的验证，对解决问题的方法进行修正，然后找出更好的解决方法。

卷首语　重新打造销售

遗憾的是，现在的众多销售组织对现状的把握和数据的定量分析，都没有产生足够的重视。现在大量的销售依然和以前一样，倾向根据自身的经验，通过彼此间的默契，来开展销售工作。销售们必须认识到过去的那一套在新的环境下已经失去了效用，如果依然自以为是地依靠过去的经验来做事，是得不到和以前一样的效果的。

重新设计可提供的销售价值

客户需要销售给他们提供什么样的价值，公司又可以提供什么样的价值给客户？在进行各种投资与活动的时候，这两种价值之间会不会产生偏差？

销售TQM的第一步就是对这两个问题的自问自答。通过对这两个问题的自问自答，我们可以找出重新构建销售组织的关键。

通过对这两个问题的刨根问底，我们就可以明白销售组织变革，到底要改哪些地方，怎么样改才可以保证变革的方向不发生偏移。同时，通过对这些问题的追问，可以让销售真正理解销售存在的意义。此外，通过对这些问题的追问，可以让销售理解如何衡量销售价值，从而保证不会走弯路，不会走回头路。这两个问题的答案是销售人员所有行动的原点。

不光是销售，所有和销售相关的部门都必须进行变革。要明确销售可以提供的价值是什么，只有明确了这一价值，销售们才会真正有行动的动力。如果想要将昏昏欲睡的销售现场变得活力四射，就必须让销售们对自己的目标，自己存在的价值进行深入地讨论与思考，销售们找到答案的时候也就是变革开始的时候。

重新定义组织的"型"

每个组织都因为其独有的"型"而与众不同。所谓"型"是要组织运用其积累、储存下的知识制定其销售流程，创建其销售模式并运用到销售实践中。

日本的销售组织一直以来更多依赖的是个人的努力，而不是组织的"型"。以前，日本的销售组织都是让销售放开手脚去做事，销售们也常常是带着大订单回来，公司也只关注销售额的增长的。于是一个个销售之神就这样诞生了，个人崇拜大行其道。

这种依赖于个人能力的销售模式，阻碍了组织聚集众人的知识，将其共享，将其应用。尽管很多的公司也会搞一些销售学习会，成功实例报告，最佳实践分享等活动，分享那些优秀销售的经验。但是那些优秀人才所具备的技能知识并不会就这么简简单单地传递给每一个人，更不会这么简简单单地让组织全体人员立刻领会实践。

我们更应该这么想，想让组织中的知识真正成为无形财产而留在组织中，最重要的是明确销售流程定义，并且研究如何让组织里的每一个人学会并且运用。

成功或者失败了的销售，到底是因为做了什么样的事情，才导致了他的成功或者失败？我们需要达到这样一个层次，即可以将这些成功或者失败的经验，以具体的形式表达出来，然后将其运用到其他的客户，以及让其他的销售将这些具体行动融入到他们的销售流程中去。并去追问为什么这么做了依然不能够顺利行动，行动了为什么依然失败，应该去做怎样的调整。

在这样的过程中，发现课题，寻找原因，考虑对策，重复实践。作为组织，将在这样过程中学会的销售知识经验作为义务，规律性地贯彻到组织中，让组织中的成员一遍又一遍地不停歇地重复执行。

当组织构建起这样的"型"之后，即便是到国外，也可以很容易就应用起来。举个例子，有一家企业在中国组建起了强大的销售组织，在消费市场并不是很成熟的情况下不仅占有了几乎大半的市场份额，还获得了很高的利润率。销售也不都是高学历的人才，要求的工资也不是很高，但市场开发的表现非常好。

这其中的理由在于将必须要做的事情集中在一两件上，将其彻底地贯彻下去，虽然看上去是有些傻乎乎的做法，与追求明星销售的做法是完全相反的，但是对于追求在一定效益基础上稳步增长的企业战略来说，因为让销售的生产性提高而使得目标达成，也不失为一种有效的方式。

向"会思考的销售"进化

虽然和之前讨论的"型"似乎有一些自相矛盾，我们所强调的另外一点是成为"会思考的销售"。

卷首语 重新打造销售

重视"型"的销售，某种意义上讲是被"型"所制约的，在制约中将决定的事情贯彻下去，并不停地重复。当被"型"所约束的时候，销售是不需要做过多的思考的。但思考就是要有创造性，而创造性就是要打破框架。从这个角度来看，思考与"型"是处在了相对的极端。

同时耐人寻味的是，正是由于"型"的存在，才更加要求深思熟虑，然后得以发展。换言之，要在"型"的框架内，在制约中，通过努力与尝试突破制约，培养出具有创造性的想法。正是因为是在同样的"型"之中，受到同样的制约，讨论的舞台是一样的，所以才会形成组织内知识的碰撞与集合，真正实现共享，从而促进组织的发展。由此，也使得不断进步的组织不会被其他的公司所轻易赶超，保持竞争的优势。

要让销售组织对客户来说具有中介价值，对公司来说能够成为企业的竞争优势所在的平台，那么优秀的组织思考力，并不断提升这种思考能力是不可或缺的。如果不能做到这样，那么或许只能撤销销售组织，改变公司结构系统，变革成其他模式的组织。再不然只能是降低人力成本，采用最低成本的销售体制，来保持竞争力了。

本书的构成

通过引入销售TQM，销售组织如果能够获得中介价值，那是最好不过的事情，本书就将针对这一问题予以研讨。

第一章，疲于奔命的销售现场的真相。第二章，日本众多销售组织在认识到变革的必要性之后依然失败连连的原因调查。第三章，四家成功变革企业的介绍。

销售TQM是为成功引导销售变革而设计的，第四章将介绍销售TQM的概念。第五章重点讲述在设计销售TQM时需要注意的十个要点。第六章讲述一些实践的诀窍，将销售TQM引入时的必要知识。第七章讲述支持变革的领导力。

本书的目的是向充满谬误的销售世界发起挑战。现在开始为各位读者解开这团乱麻。

第一章
最前线正在发生什么

■ 孤立无援的战斗

现在，大部分的日本企业在销售现场疲于奔命。在严酷的竞争环境中，销售们到处奔波，为了提高业绩不眠不休地战斗。对公司内外的相关人员毕恭毕敬，但即便这样，业绩却不见转好。不仅如此，一旦出现什么问题，在最前线的销售们，立即就会成为大家的箭靶。

在公司内，会被管理部、开发部、市场部揶揄道："就算开发好产品提供了好的售后，你们也卖不出去，就算卖出去了又不赚几个钱，就是销售不行嘛。"

在公司外，一旦商品或者售后出现什么问题，冲在前面作挡箭牌的也是本来没有什么责任的销售。

要是有一天，高层忽然来一个目标变更的命令，或者客户提出些无理的要求，在这不能以常理来看待的状况下，四面八方明枪暗箭，别说找到改善业绩的突破口了，压力和疲劳都足以把人压垮了。

作为销售，其实很清楚如果保持现状，是没有办法从深渊中爬出来的。要完成每天的日常任务已经筋疲力尽，不由自主地就被惰性所控制了。为了达成数字目标，尽快将数字目标转换成可以放进自己口袋的工资与奖金，可以尽快升职，只能专注于手头上的工作，根本就没有空闲去考虑如何去改变什么。

差不多所有公司都是这种情景吧。

■听听现场的抱怨

销售现场到底发生了些什么？大量的销售组织到底是掉入了什么样的陷阱中爬不出来了？让我们直接或者间接地去和销售们谈一谈，来了解一下其中的真相。

BCG经营战略：成熟市场的销售变革

到底要利润还是销售额

最近，公司销售高层说话都是千篇一律。"日本市场已经非常成熟了，相比于继续扩大销售额，增加市场份额，怎样增加利润才是重点。"总公司大领导的训示也都是这些重视利润的陈词滥调，然后还会有严肃而威严的训诫，"一定要保住刚刚制定的最低价格，如果客户不能接受，不卖也可以。"

但是，接下来发生的事情也是一成不变的。领导刚刚训话的唾沫星子还没有干，完全不同的说教已经开始了。如果因为死守最低价格，份额掉了一个点，或者工厂的运转率下降了一些。销售的耳边马上就会响起这样的指令，"利润率固然重要，份额也是不能丢的。销售额绝对不能减少！"

这是很危险的，重视利润的口号形同虚设。如果与某些客户的交易价格低，考虑到改善利润率，提高了价格导致与他们之间的交易额下降。这时候销售马上就被指责，"为什么销售额下降了？""份额为什么丢了？"所以说，大家都知道会怎么样，就不管什么利润率了，管好销售额与市场份额就行了。

第一章 最前线正在发生什么

销售会议就是个形式，上司不过是装饰品

每个月的销售会议，都是如坐针毡。上司每次都会问："为什么销售额这个样子？这么大的空缺你们打算怎么填？"销售的回答也都是："下个月不管怎么样都会想办法解决的。"每个月都是这种没有意义的你来我往。不光销售，上司和同事们其实也没有一个人会相信下个月就一定能够完成任务。

结果就是，到底该怎么样提高销售额，谁也说不出个所以然来。最终，大家就记住了一个销售额目标的数字，会开着开着也没有时间了，也没有人愿意继续废话了。销售会议流于形式，对销售来说，开会嘛，就是去挨一顿训。

有一个应该考虑的问题是，销售中的销售经理到底是做什么的，该做些什么。就算你是销售经理，到最后对你的评价绝大部分还是要看销售额。所以说，自己手上的活都忙不过来，哪有时间帮部下制定销售计划，陪着去拜访客户？谁要是能摊上这样的上司，简直就是八辈子修来的福分，这比中福利彩票还难。

没权力打折的销售，就和战场上没带枪的士兵一样

不管怎么说，对销售来说，销售额就是一切。销售最大的武器，就是手里握着的那一点点价格权。怎么使用这点儿权力，是判断销售能力的关键。换句话说，只有让客户知道你手里有降价的权力，客户才会把你当回事。

说白了，客户看销售，关心的也只有销售手里那点儿跟钱有关的权力。如果一个销售连一点儿降价权都没有，客户是根本不会把你放在眼里的，反过来说，这样的销售干起来也是一点儿意思都没有。有时候销售们故作姿态，对客户说"这一次就给贵司一个友情价格吧"，或者给客户里的熟人打个特殊折扣；还有时为了让客户拿到一定采购量之后的奖励，特意先降一点儿价格下来，以便客户可以达到这个采购量；甚至还会为了迎合客户的采购，事先做很多库存品。

尽管这些事情是违反公司规定的，但销售或多或少都会干这种事情。上司们对这些事情的态度基本上都是睁一只眼闭一只眼。但是这种暗地里和客户达成的协议，责任是要销售自己扛的。这种事情逐渐累积下来，和客户之间的账就算不清了。因为

这种事情，最后销售引咎辞职的传闻也是不绝于耳。公司在这种地方，责任与惩罚偏偏又是搞得这么清楚，对销售来说，实在是很折磨人。

价崩如山崩

刚到新的销售点上班，想先和当地的客户打个招呼，一见面就被客户先发制人，"之前的销售和我们配合得很好"。

前几天遇到其他同事负责的客户，也被这么说了："听说你们其他地区怎么样怎么样的……"现在客户与客户之间的消息太灵通的。本来已经是给了客户最低价了，客户说还要降。我们没办法，反倒是自己公司各个大区不是很了解互相怎么报价的，基本都被客户要得团团转。都说价崩如山崩，这话还真是一点儿没错。

到了最基层的代理商，那就更不要提了。有那么两三家代理从我们这里拿一样的货，他们客户也一样，互相比价，常常是我们做厂家还没降价呢，代理为了抢生意，先把价格降了。

公司在成长阶段，为了扩大营销面，只要可以增加销售额扩大市场份额，就是竞争对手，我们也卖。现在好了，只能打价格战了。到底这么做有什么意义？领导们就知道说些没用的，"现在形势严峻啊，要想办法啊"。好像这些事情跟他们没关系一样，尽说些废话，眼睁睁看着价钱往下掉。

阴魂不散最可怕

销售现场绝对是阴魂不散的地方。和A公司定的价格，是现在某个部长以前在这里当所长的时候敲定的。和B公司签的返利合同，是现在的某个总监以前在这里当销售时候定的。这些个东西，可能在当时是很好，现在已经根本不应该这么做了。但是，你就是不能去改。

就算你去和这些一直吃着特殊优惠的客户谈涨价的事情，代理店、经销商也是绝对不会配合的。销售变革，重点就是要价格公平合理。道理谁都懂，但谁都不会去碰。你要敢提出来，说要取消哪家的特殊优惠，这家老板肯定马上冲到你们销售部长办公室，或者直接找销售总监，要么破口大骂一顿，要么一把鼻涕一把泪，这种事情，谁都见过。你想为公司做点好事，结果把你骂个狗血淋头,这种事谁干?没人闲到没事去老虎嘴里拔牙。

说不定领导们只是没有察觉到以前做的这些事情现在阻碍了销售组织的变革,要是能够好好和领导们谈一谈,把问题说清楚了,变革就能顺利地进行了……但就算这么想,谁也不会去说,谁也不敢说,因为销售组织里就是有这个不成文的潜规则,"过去的事情不要碰"。

只有电脑才是销售最好的朋友

有时候会问自己,"销售到底是干吗的?"一天收几十封邮件,光处理邮件,一天就过去了。要是一整天不出门就写邮件还算好的了,起码和客户算是有点儿沟通了。

我有个朋友,在别的公司里当销售,一天到晚就是接客户电话,客户都是要降价,然后我朋友天天就在公司里面忙着找领导,根本就没时间出去见客户。如果在公司里到处低三下四折腾半天能够争取到特殊价格,那也就算了。拿不到客户想要的价格,但客户还有别的案子也要搞,有时候只好自作主张给客户降价。要是下个月还拿不到客户订单不能把这个坑填上,桌子里就全是白条。到了年底，要么业绩低迷要么就是巨额的亏损，这时候就会被老板骂了，"什么情况？你拿自己工资去填啊！"

就算把自己都奉献给公司了，只要没出成果，就肯定被老板训。有家公司，因为员工整天在办公室不出门，老板火大了就骂员工，"你们都是铁板上的鱼糕吗？"趴在桌子上瞪着电脑的销售，这形象用铁板上的鱼糕来形容还真是贴切。

听说还有老板这么做的，"销售都把电脑关了""谁都不许发邮件"。不管怎么说，本质都一样。销售的好伙伴只有电脑。我真不知道我到底是给谁干活的。

能把自己家产品名背下来的销售有几个

一有新产品发布，各个部门就会发一堆邮件过来。产品多了，到底哪些产品是要重点销售的，销售根本搞不清楚。

所有的部门都是只考虑自己的，所有产品都往销售部塞，然后由销售去面对客户。新产品是一波接一波，到底该推哪个，销售也是稀里糊涂。

第一章 最前线正在发生什么

"所有的产品都是主推产品。"哪有时间去和客户详详细细地解释这么多新产品的新功能，让客户掏钱买东西哪有那么容易。把产品目录上所有产品都搬到货架上的想法就是痴说梦。但一到公司里就会受批评，"产品卖不出去就是因为销售没有好好宣传，没有能够和客户好好沟通，这些都是凝结着大家心血开发出来的优秀产品，你们这些销售到底干什么吃的！"

销售没有很好地去了解产品的卖点，产品没有好的销量，销售有责任。但是对客户来说，不是任何产品的任何优点都可以成为客户购买的理由。客户最后到底选什么样的产品不是由这些产品的所谓的优缺点来定，而是由客户真实的需求来定的。所以不是说把哪一种产品卖出去多的人厉害，是把所有产品总共卖出去多的人厉害。但是这句大实话，没有人能说出口。

知道是知道，还是不能停

该怎么做，销售心里一清二楚。首先，停止无谓的友情价，有些客户拿到的价格是不合理的，是远远低于市场价格的，要把这些价格提上来。其次，有市场竞争力的商品，马上停止打折。

BCG经营战略：成熟市场的销售变革

有些客户虽然说是多年交情了，但一年也没下过多少订单，把负责这些客户的销售都调出来，不要天天和这些小客户混在一起，要让他们做一些真正有意义的工作，资源要合理地利用起来。

这些话开大会时候说出来，大家都是双手赞成的。但是讨论到具体执行那就是反对声一片了。一提到向客户涨价，马上就会有人跳出来反对。上层也总会有各种冠冕堂皇的理由来搪塞。

"再加把劲，我们先要把竞争对手的份额都抢过来再说。""这家客户虽然现在效益不好，但要看到他们非常有发展前途，这个时候，比起涨价我们更需要给他们降价，帮助他们争夺市场。""虽然说这个地区的销售额不是很高，但是如果你把这里的销售都调走了的话，那么新市场我们不敢说，这里的销售额就都没有了。""所以说，最重要的呢，是不要影响到工厂这边的生产，制造成本不能上去，利润率还是要保一保的，总销售额、各个营业点的折扣、还有相关的推广费，实在不行可以降一点儿嘛。"

领导不管怎么说都是有道理的，公司上层总是可以找到合适的理由，变革根本就是痴人说梦。

第一章　最前线正在发生什么

就算哪天领导脑子一热说，我们要下定决心，逐步推进变革，要把无意义的折扣都停止了。说得很好，执行的时候，哪些是无意义的折扣，哪些是有意义的折扣，就说不清了，针对每一个客户分别应该执行什么样的折扣，怎么样分配资源，完全没有办法定出个标准来。每个销售每位领导都有自己的立场，都根据自己的情况随意地进行解释，结果就是什么都没有变。

这种变革不仅没效果，反倒会导致公司里各种混乱，领导也担心这种事情发生，于是想来想去还是不做变革了。

明白是明白　就是学不来

想要公司销售好，顶级的销售是多多益善，如果可以把顶级销售的经验智慧都教给别人就非常好了。但是顶级销售和普通人是不一样的，说他们天赋异禀也好，说他们是超人也罢，顶级的销售具有一般人所没有的东西。要把他们的这种特殊才能教给其他人，怎么想都不现实。

同样是顶级销售，同样给公司创造了巨大的销售额，仔细观察他们的销售方式方法，你也会发现每个顶级销售都有自己的一套，不光销售的手段，可能连思维的方式都是完全不同的。有些人是广撒网，有些人是深挖井。完全是不同风格甚至是相反的风格，这样的例子数不胜数。

要把这些人的经验智慧给集中起来，然后说"只要充分利用这些经验和智慧，就一定可以提升客户的满意度"，其实也就是瞎扯。这些经验智慧算你是学了懂了，如果不是真正的顶级销售，你也用不来，想靠这些唯心论来提高销售额，是不可能的。

理解是理解 不这么做更好

经常有人这么说，销售一定要程式化、系统化。首先要明确目标，然后安排好销售流程，也就是要定下来每周要单独拜访几次，和领导一同拜访几次之类的事情。但是，这把销售工作看得太简单了。这样就能提高销售额？

人性化的销售组织就不会做这种事情，因为这样做的话不就变成生产线了吗？有什么意义，有什么挑战？这么做只会降低士气，打击自信心，没有人能够坚持做这种奇葩的工作。重要的是建立自由的氛围，凡是不自由的，都是不能容忍的。

■变革的要点都隐藏在"卖不出去的理由"之中

本章中所例举的言论,不是我们夸张的杜撰,而是我们在各行各业的销售现场确确实实听到的声音。我们听到了销售额或市场份额至上论;流于形式的销售会议;折扣中心的销售论;反折扣中心的销售论;不论客观环境的前例主义;公司内流程成为公司主要业务的现状;被公司眼花缭乱的商品迷乱了视野的销售;对变革的消极态度。读者们所在公司,或者相关联的公司当中大概也会有类似的言论吧。

销售组织并不是不可以去改变,但我们也无法避免阻碍变革的言论。真正麻烦的地方在于因为每个人都有自己的立场,各种声音乍一听似乎都有几分道理,但也有总让人难以理解的地方。对已经形成这样的价值观、抱着固定态度、拥有特定的经验的人来说,改变想法转化观念不是一件容易的事情。

即便使用全新的手法进行销售变革,也不一定就能得到大家的认可和理解,阳奉阴违在所难免。计划与执行脱节,导致变革的流产。接着大家又会得出这一次的变革是否有用的结论,并将其作为知识与经验储备起来。一旦走入这种怪圈,销售变革就更加举步维艰。

但是倾听销售现场的声音是非常重要的，这些声音背后隐藏的含义就是变革的出发点。尤其是那些组织中流传的各种小道消息中往往蕴含着变革的要点。销售相信什么，就会导致什么样的结果。销售对现状是怎么看待的，这些看法是否真正看到了本质，他们的主张是否是对的，都需要得到确认和验证，之后以此为基础才可以真正开始讨论。

下一章，让我们一起来挖掘一下发生在日本企业中的众多问题背后的真相。

第二章
为什么销售不肯改变

销售部门一向保守，拒绝新事物。现在日本企业还能活下去，主要是依靠生产部门和其他相关部门一直在进行的降低成本的活动。说到变革，销售部门是谁都不敢去碰的"圣地"。一旦有风吹草动，其他部门还好，到了销售部就变成了洪水猛兽，一片反对声，变革大多半途而废。在第一章中，我们采集来的大量的销售的声音就是明证。

但是销售部门到底是怎么变成"圣地"的，为什么就不能动销售部门呢？为了找到这个答案，让我们来分析一下过去日本企业成功的原因，探寻过去和现在不同的地方，说不定可以发现销售变革屡改屡败的原因。

■过去的成功成为了今天的包袱

过去支撑着日本企业的销售组织的观念有三个大的特征：

一，忽视销售生产性的销售额第一主义；二，忽视团体作战，注重个人奋斗；三，重结果不重过程。

忽视销售生产性的销售额第一主义

日本经济高速增长期的关键词是"成长与扩大"。当时的日本企业并没有陷入追求短期利润的狭窄视野中，当时一部分日本企业奉行这样一条战略思想："无论如何要提高销售额，获取市场规模和市场份额是第一要务"，现在看来当时采用了这一思想的企业都是成功的，得以在竞争中存活下来。而和重视市场份额忽略利益率的日本企业相比，当时美国企业采用了重视短期收益的思想，结果是日本企业得以凯旋而美国企业败北。在成长期的市场中，重视规模和扩大市场份额可以说是黄金定律，只有这样才可以维持高的工厂运转率，提高生产效率，最终获得高收益。

在这种战略之下，对于那些需要竭尽全力提高销售额和夺取市场份额的销售组织来说，最重要的课题就是如何夺取"销售面积"。也就是如何构建强大的营销网络，提高每一个店铺的铺货率，同时为了吸引消费者的眼球，要尽可能多地让自己家的产品大量地摆在店铺的架子上。当时为了让客户采购更多的产品，尽可能高地提高铺货率，不管花多少促销费用都是公司所允许的。道理很简单，为了提高了销售额，一定成本是在所难免的，但销售生产性也会相应上升。

在成长型市场中，获得新客户，扩大在老客户处的销售额并不是一件很难的事情，由此，销售生产性不断得到增长，效率得到提高。只要持续提高销售额，扩大市场份额，利润以后也会逐步增加上来，在当时那个阶段根本就没有人过多地去考虑利润。

忽视团体作战，注重个人奋斗

为了可以贯彻这样的战略，销售组织体制就必须要充分保障销售的自主性和独立性。换而言之，就是为了扩大"销售面积"，销售可以采用任何必要的手段，只要可以建立良好的人际关系，保证自己公司的产品可以得到优先对待，回扣也好折扣也罢都是由销售自由决定的。

这种情况下，销售个人的交际能力和交涉能力就显得非常重要。面对各式各样的情况要求销售具备随机应变的能力，以此销售也必须要有一定的自由度，需要有能够充分发挥能力的空间。于是为了扩大销售，往往另外建立销售公司或者通过贸易公司来

第二章　为什么销售不肯改变

进行销售，以便销售不受到总部各种规章制度的约束。此外还有大量的公司让销售组织独立于公司体系之外，形成公司内的公司，尽可能地给予其权限，任其发展。

如此销售体制，充分保证了销售的自主性与独立性。可以让销售充分发挥其个人能力，拿到订单，获得认可，也由此吸引了优秀的人才加入到销售队伍中来。在这样的销售组织中，达到销售目标，超过销售目标成为了评价销售的最简单直接的手段。

于是，某个勤勤恳恳一家一家拜访客户的销售有一天拿到了很大订单，某个巧舌如簧的销售又拿下了一个顽固的客户，等等神话被不断地被创造出来。但能够做到这样的其实只有一小部分顶级的销售，他们带着令人艳羡的成绩，身披光环，成为了年轻人的榜样与目标。这些优秀的销售在销售现场挥洒汗水，磨练自己的销售技能和谈判技巧。能够成为一名像他们一样的杰出的销售，可以说也是一般销售们的"美国梦"吧。

不再适用的成功模式

时代发生了巨大的变化，伴随着市场的成熟，一直以来单纯的成长战略已经不再起作用了。在成熟的市场上已经不能指望规模的进一步增大，竞争变得激烈，价格开始下滑，商品的利润率越来越低。为了夺取销售额和市场份额，各家竞争对手都在重复使用同样的手段，现在都变成了围绕着老客户的争夺战。为了保住客户，对每一个客户花费的销售时间，还有为了能够给出有竞争力价格而做的调查和调整时间（包括在公司里各个部门间的协调时间）都在大幅增加。要做的事情越来越多，成本越来越高，销售额却不再见涨，销售的生产性跌入低谷。

在这样的大环境下，带着样品、价格表，换汤不换药的新产品每天一家一家地拜访客户，这种销售方式没有办法创造出差异化来。每一家公司都在这么做，客户已经习以为常，不会从中感受到价值的产生。此外销售们会准备几十页厚的提案书和讲演材料，这需要花费大量的时间，但是可以说这些资料装帧精美，彩页丰富，然而里面没有什么实质性的内容，没有什么说服力。

这种销售模式不再能够给客户带来附加价值，无法给自己公司带来销售额的增长和利润率的提高，销售生产率一路向下。这个时候，利润很重要的想法开始萌生，然而公司对销售额和市场份额的要求不会就此消失，以销售额和市场份额为重心的思想也不会那么轻易消失。第一章中所例举的"到底要利润还是销售额"就是典型的例子。

■阻碍变革的主要因素

时代改变了，如果企业不能甩开之前成功所带来的光环，那么就很难继续生存下去，不得不去面对成本和利润的不成比例，销售生产性、收益性不断下降的现实。一些曾经是销售的管理者们开始意识到以前的做法不再适应现在的市场，为了适应新的环境，必须在企业内推陈出新，建立新的工作模式。

但是很多企业被过往的成功蒙蔽了双眼，依然将过去成功经验中总结出来的成规奉为圭臬，舍弃不了重视销售额和市场份额的思想。这和多年以来一直以"相比去年总销售额增长"作为重要管理指标也是有很大的关联的。如果以相比去年总销售额增长为目标的话，那么就会助长这样一种思想，认为只要达成总销售额目标就可以了。所以包括变革在内的一切会影响到总销售额的事情都会被抵制。

现在的销售组织之所以难以改变，首先是因为缺乏作为一个组织所应该有的规定纪律，其次体制上又存在过于重视个人能力的特点，管理的功能过于弱化，决策层优柔寡断。就这些问题让我们来逐个做一下分析。

缺乏组织应有的规定纪律

大多数日本的销售组织，没有明确组织应该有的规定与纪律，更不要说有战略性的观点了。如上一节我们所讲的，日本企业在过去都是依靠个人的努力取得成功，所以就忽视了组织的规定与纪律的重要性。

现在市面上依然有大量的销售成功学、销售必胜法这一类的书籍。究其原因是因为现在依然有大量的销售寄希望于模仿顶级销售的销售方法，获得和他们一样的成功。但同时这也说明了很多人已经模仿过那些顶级销售们曾经做过的事情，然而残酷的现实是，顶级销售依然只有那么几个，众多人的模仿并没有产生和书上写的一样的效果。

第二章　为什么销售不肯改变

一般来说，销售组织可以被分为上、中、下三层结构，大致比例为二、六、二。从人数比来看，中下层占了大部分，但业绩主要是由上层来提供的。所以这样的构造就是一个扮演英雄的销售创造大部分的销售额，其他人给英雄做辅助。尤其是那些强调个人自主性和独立性的公司，这种倾向格外明显。

但是这种完全依赖于顶级销售的方法越来越行不通了。因为市场已经不再成长，没有可以扩张的空间了。这时候要做的是深挖客户需求，但是没有什么销售能力的销售人员，除了会打折降价之外，不能够给客户提供商品与服务的进一步附加价值。做不到倾听客户需求，解决客户问题的要求。在成熟的市场中，在日益激烈的竞争中，一味打价格战的销售只能不断降低公司的收益，降低销售的生产性。

那么，在新的环境中，怎么样才能够提高销售生产性呢？我认为作为组织需要建立起一定的规定与纪律，要拥有高瞻远瞩的战略眼光，不能继续依赖明星销售的单打独斗，而要想方设法地提高整个销售组织的生产性。摆脱这种依靠只占总销售人数百分之二十的精英销售的体制，让剩下的百分之八十的人可以同心同德，使用同样的方法取得成果，从而保持组织的竞争优势。为此，必须建立组织的规定与纪律。这是最大化发挥组织成员能力，提高组织整体表现所必须的要素。

现实中，作为组织会被问到是否明确了其目标，是否定义了每个人的责任，是否完善了奖罚制度？当被这样追问的时候，大部分销售组织的回答往往是模棱两可的。换句话说，其实就是并没有构建起以目标实现为要务的战略性架构，未明确个人的具体行动方向，缺乏组织应该具备的规定与纪律。

在重视销售单独作战的体制中，如何与客户谈判，哪些必须做，哪些不可以做，都由个人来决定。作为销售领导，对一般的销售不能做出什么具体的指示与指导，只能大声地斥责"用心！努力！把产品卖出去！"这样的组织怎么能够发挥出作为组织的战斗力呢？

组织是由人构成的

我们可以改变组织的战略，可以改变组织的制度，但是改变组织内在的模式却很难。在销售组织中，我们可以设计出精巧的战略或者架构，并将其付诸变革实践，但常常得不到定论。因为组织是由人构成的，人是有感情的，对特定的人、组织，去改变熟悉了的工作方法往往会引起人们的恐惧与担心。

销售组织变革的一大难点在于，销售组织是以人为主的组织，并且是和大量各式各样的客户有关联的组织。因为人的因素占的比重多，于是就养成了一种不受条条框框约束，总是打破规矩的风气，成为变革的一大阻碍。

改变销售组织的模式，需要每个销售彻底改变一直稳定的意识结构，需要意识到现在面对的是一场游戏规则与之前完全不同的市场。之前是各自为政，现在必须要团结一心，而且需要快速地适应这一变化。

但是希望所有人能够立即理解新的规则，配合新的战略，立即执行决策是不现实的。首先需要在新的规则下，研讨新的战术，学习在新战术下的各种技能。而这是需要花费时间的。

当销售们之前所擅长的技能技巧不再起效果的时候，他们所感受到的失望、不满、抵触会成为他们的心理障碍。如何应对销售们内心产生的这些心理障碍是更加棘手的问题。

凡是有人事牵扯在内的变革要比其他变革难度高很多，举例来说，我们在生产现场进行变革的时候，变革的对象是生产线、生产设备等静态的对象，设计的新规定一旦可以有效地运行一段时间，那么就可以通过良品率等可视化的指标来预估之后的品质与稳定性的改善。

与此相反，销售现场的对象是客户，是动态的对象。客户的想法和重视的内容也是千差万别的。新的销售方式效果不是立竿见影的，客户要求的特殊对待往往会招致破例，哪些是必须坚持的原则很难一眼看出来。

当谈论到变革的时候，就算大家对方针方向表示了赞同，真到了自己的时候，销售就会说："我的这个客户，还有这片区域有一些特殊的情况。"结果就是有一些客户一直被予以特殊对待，接下来我们举一个某家食品加工厂的例子。

第二章　为什么销售不肯改变

　　这家公司引入了以客户的销售额和成长性为基准，决定相应促销费用和销售活动的规定。客户被按照"销售额×成长性"的标准，按照二、六、二的比例被分成上、中、下三等。再根据其等级分配销售人员以及相关的促销费用。

　　新规定刚刚定下来的时候，大家都是赞成的，没有任何反对意见。可是真正开始实施的时候，销售们就开始一个接着一个地提出特殊对待的申请了。"这家客户很早就和我们在做生意了""针对这家客户的竞争非常激烈"，等等类似的理由都被提了出来。

　　此时，变革的领导者当中也开始产生疑惑。公司里的元老们就开始说了"看来新规定不适合我们公司啊"。新规定肯定存在风险，所以推行者也不敢就充满自信地予以反驳。如果不理会第一线的销售员工的反馈一意孤行的话，万一销售额大幅下降，这个责任谁也担不起。所以从一次两次的例外开始，就打开了特殊对待之门。

　　如此一来，很多原本被定位为中等的客户就变成了上等，下等的也升成中等了，不知不觉当中原来二、六、二的比例变成了四、五、一的比例。客户的等级一旦被提上来就降不下去了，不管是设定时限还是告知销售下不为例，总会招致销售现场的激烈抵制。最后，新规定实施了五年，但是客户分级、促销费用分配、销售人员的配置和五年前几乎没有什么区别。

每家客户都有其特殊情况，这也许是事实，但是一旦有了一次特殊对待，之后就是没完没了的特殊对待。如果不能够坚持既定的规则，不能够做到"必要的恶"，那么一切新规都将会没有作用。

销售组织中从上层领导干部到基层员工，大多数人的心里都潜藏着阻碍变革的怪兽（详见第六章）。好不容易开始的变革，常常就被这些人轻轻松松搞得分崩离析。想要防止这一现象的发生，销售的高层就要有破釜沉舟的决心，直面现实，认真讨论，要以不达目的誓不罢休的态度齐心协力地进行变革。

弱化了的销售管理

因为各种理由，现在的销售组织中的管理是被弱化了的。销售管理，原本是被定义为培养新员工，带领销售团队提高销售业绩。但是现在的销售管理者并没有怎么样去帮助部下，更多的是关注自己的客户，关注销售团队业务数字的提高，至于部下每天

第二章 为什么销售不肯改变

都是在做些什么,销售团队存在什么样的问题,管理者并没有相应的理解力和洞察力。

现在的管理者大多不了解自己的部下是在采用什么样的流程去和客户交涉。销售加班的时候,也只有很少的管理者明白部下加班的真实理由。面对那些因为各种问题而烦恼的销售,管理者因为不了解客户的实际情况,根本给不出适当的建议,提不出有建设性的意见。大部分的管理者并没有付出足够的时间与热情去培养自己的部下。

原本优秀的销售变成了平庸的管理者,这样的例子数不胜数。工作多了,见部下的时间就少了。很多管理者都不了解培养部下的重要性。有的管理者,所有重要的商务谈判都是亲自出马,包揽一切责任;有的管理者,重要商务谈判都是和部下一起研讨,带着部下一起与客户交涉,在这个过程中培养一批人才。按理来说,后一种管理者应该得到更高的评价。尽管短期来看前者会更快地出效益,但从中长期来看,对部下的培养会提高整个团队的战斗力。但是,现实中很难有这样的管理者。

一般我们说演示型管理者,是需要自己在创造高业绩的同时兼任人员管理的职责。对这类管理者,我们期望他们可以让部下和他们一起行动,然后观摩学习管理者的技巧和能力,也就是说"演示"的实质是培养。但是,自己如果没有业绩,那么作为管理者就难以被认可,在这样的体制下,一些自己可以单打独斗却不会培养人才的销售也被提升到了管理职位。

现在各个公司都引入了成果主义,不管是谁都把个人销售额作为第一要务,组织中蔓延着一种卖不出产品的人不能被容忍的气氛。为了能够在已经停止成长的市场中将卖不出去的产品硬生生推销出去,总部和总公司不停地施压,不停地下达再加一把劲这样低效而没有实际意义的命令。

同时,能够削减的工作很少,什么都要做。尤其是现在,网络普及,客户可以得到信息的渠道多种多样,销售必须要能够跟上客户的节奏。作为管理者自己尝试学习这些新知识就已经是焦头烂额了,往往没有时间去帮助管理自己的部下。结果也就只有一部分有经验的员工能够出一些成绩了。

第二章 为什么销售不肯改变

■高层不下定决心，就什么都开始不了

当公司内推行变革受到各方阻挠的时候，能够力排众议推行变革的只有公司的高层。但是高层如果没有破釜沉舟的决心的话，也会成为变革的重大阻碍。

凡是决定要进行销售变革的高层，也一定是认识到销售组织有些不正常的地方才会有这样的想法。但是这些高层也往往没有具体的对策，只能对销售的中高层干部们说："不能再这么下去了。"尤其是没有销售经验的高层，就更加心里没有底。常常会借口自己不懂销售，然后全部交给销售部门自己想办法。

这种把变革的任务完全交给销售部门的现象出现的主要原因，是之前有过完全交给销售部门并取得了成功的先例。另外这样做是希望可以给销售部门足够的自豪感，让销售从基层员工到中高层管理都能够充满干劲。但是如本书反复说明了的，在新环境下过去的管理经验已经不再起作用了。

另外，决策层不能及时地获取正确的信息，更不用说去理解

这些信息了。尽管决策层想及时地获取正确的信息，但是销售部只会向上层提供对自己部门有利的信息，有时候包括销售的主管都得不到正确的信息。由此决策层对销售部门只能三缄其口。

只要决策层没有彻底变革的想法，不管怎么搞，最终什么事情都推进不下去。打破"因为是以人为主的组织，所以就没有办法变革"的错误想法，然后以"科学的眼光"客观地对事实进行讨论，是向成功变革迈出的第一步。想要变革真正成功，必须无视四面八方传来的各种抱怨与请求，哪怕要采用威胁的手段。不抱着"此次不成功便不再有下次"的决心，变革是没有办法实现的。只有从身居高位的人开始，直面现实、下定决心、催促变革，变革才有可能成功。

第三章
成功进行了销售典范转移的企业

很多销售组织都深陷不见出口的怪圈之中，也有很多销售掉入应该做一个什么样的销售的迷思之中，只有少部分的公司从这些泥淖中挣脱了出来。本章中将向您介绍再春馆制药所、尤妮佳、瑞可利、汽车销售商A公司等成功的例子。

这四家公司所在的行业、模式都是完全不同的，但都曾有过销售停滞，它们通过变革，发生了惊人的改变，重塑了优秀的销售组织。看上去它们的变革似乎以一种极其简单的方式就达成了。

但是事实上，不论怎么样的企业，变革的时候都不得不与销售现场长期以来形成的某些思想、某些自豪感作斗争。这需要有强力的领导力以及高层的支持，同时需要做好头破血流的准备，在坚持不懈的努力之后，突破重重阻碍才能取得成功。

让我们来看看这四家公司都经历了什么样的斗争吧。

第三章　成功进行了销售典范转移的企业

■再春馆制药所深挖数据分析，改善持续采购率

新老板的问题意识

再春馆制药所是一家涉足化妆品、中草药以及电话销售的公司。公司设立在熊本县上益郡，在大约九万坪①的土地上建有工厂和一栋巨大的单层办公楼。

办公室集合了总公司职能、研究开发职能，另外还有400名以上客服负责客户咨询顾问。不同于一般企业，这里没有为公司高层专设的办公室，包括老板在内的高层和雇员们一起在大型的办公室中办公。

办公室中最引人注目的是在中央位置扇形区域中的客户服

---

① 1坪大约等于3.3平方米，译者注

务区，一般销售公司都习惯将客户服务外包出去，但是再春馆非常重视可以和客户直接接触的客户服务部门，不仅没有外包该业务，还坚持采用正式员工而不是临时工来担任这些职位。

大部分的公司将客户服务人员称作客服，但是这里别出心裁地将他们称之为"客悦员"，意为可以让客户感到满意愉悦的员工。他们不是单纯的传话员，而是将自己摆在一个能够真正和客户沟通、了解客户需求的位置上。另外，公司客悦员还分为专门负责客户来电与主动联系客户这两类，分别部署在各个部门。

另外办公室中央天花板附近有一块巨大的电子显示屏也是非常吸引眼球，该显示屏可以实时显示当前各个顾问的工作状态。每天销售额的增减、客户数量的变化、广告的效果等等都可以一目了然，依靠投入巨额资金积极开发IT系统，再春馆形成了可以实时把握重要情报的体制。为了可以让客悦员具备最完善的资料以便能够向客户提供最满意的咨询，客户情报库中不仅存储有客户的购买记录，还包括客户有哪些肌肤的烦恼、客户的喜好、客户的生活习惯等等多样的信息。

第三章　成功进行了销售典范转移的企业

2004年以30岁的年纪就担任了公司老板的西川正明先生很久之前有着这样一个抱负。

从我接手这家由我母亲发展壮大的公司开始，我就下定决心，一定要在现有的基础上更上一层楼，不然我这个老板当得就没有意义了。过去这些年公司的发展可以说全靠我母亲的领导力，但是我不能仅仅是我母亲的跟随者，而且即便我想完全地模仿她也是办不到的。现在既然由我来领导这家公司，我也必须要改变公司一直以来的做法。

早在2002年7月份，西川先生就已经作为"新姿态项目"的领导，开始探索再春馆前进的方向了。当时西川先生隐隐感到公司中存在着危机。因为公司是以电话销售为主，销售并不怎么出门，与客户接触最多的客户服务部门就是公所有销售活动的起点，所有企划、组织结构都是围绕客户服务部门设计的。在公司内，不仅是客服服务部门，担任总部职能的员工，包括管理人员也都是追求销售现场主义的。

图表1　再春馆制药所公司简介及业绩变化（2009年1月资料）

公司简介			
行业	化妆品、中草药制造 电话销售	注册资金	一亿日元
成立	1959年9月	员工人数	1000人

业绩变化

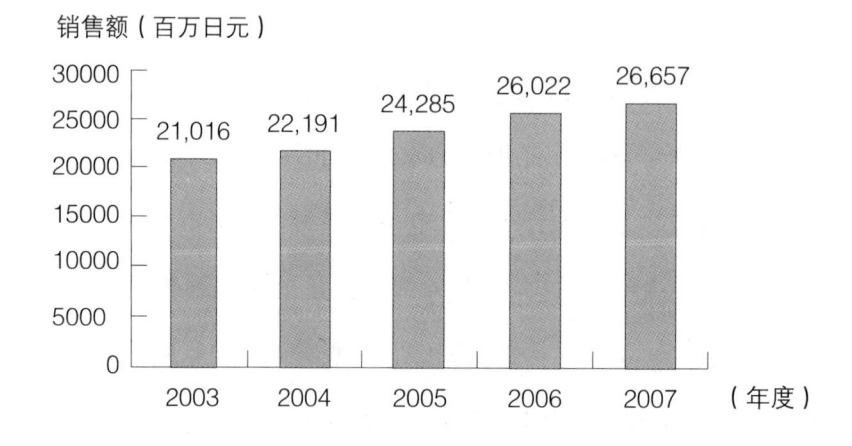

销售额（百万日元）

年度	销售额
2003	21,016
2004	22,191
2005	24,285
2006	26,022
2007	26,657

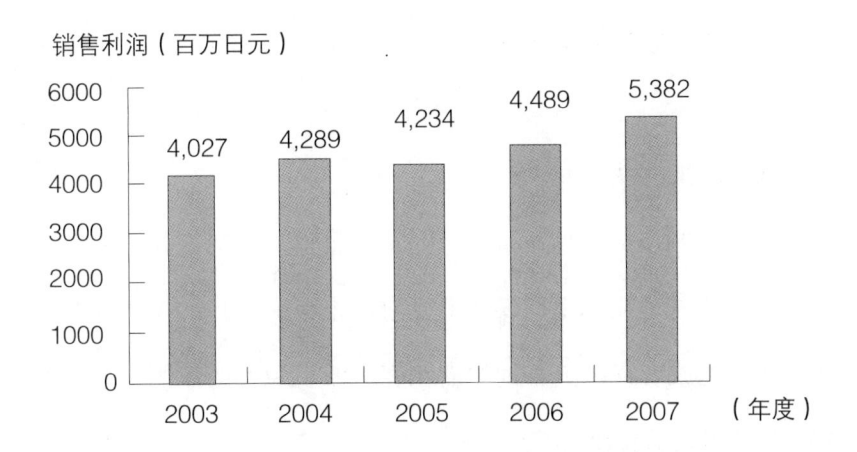

第三章　成功进行了销售典范转移的企业

销售利润（百万日元）

年度	销售利润
2003	4,027
2004	4,289
2005	4,234
2006	4,489
2007	5,382

销售企划室的总监绫部隆一先生这样回忆当时的情况，说："虽然也只是一种隐隐约约的感觉，但是公司的现场能力似乎是在下降，总是在疑惑我们是否真正理解了客户的想法。"

这样的危机通过数字显现了出来。在进行会员增加模拟的时候，发现已经到了瓶颈。西川勇敢地接受了这一现实，并且立即成立了以自己为领导的变革小组。变革小组成员还包括绫部等三名员工以及其他三名客悦组的成员。

西川所描绘的"新姿态"是指公司可以上下一心、拧成一股绳，实现"让客户满意，持续与我们合作"的目标。西川带领他

BCG经营战略：成熟市场的销售变革

的小组开始探索如何实现这一目标。

如何增加回头客

再春馆制造的"Domohorn Wrinkle面膜"的销售并不在零售店进行，首先是在电视等媒体上投放广告吸引客户的关注，然后向那些来电或者在网上咨询的潜在客户派发免费的试用样品，得到客户认可之后接受客户的订单。

再春馆的客悦人员分为样品组、跟进组、会员组三支队伍，来进行客户关系管理。从客户第一次联系派发样品到首次购买为止都是由样品组负责，他们主要负责与已经接受到样品的客户联系，诱导他们进行第一次消费。跟进组主要负责与已经有过一次消费经历的客户保持联系，来确保他们的第二次消费。会员组则负责将采购过三次以上的客户作为会员进行管理。

按照这个流程，变革项目组的成员依照消费次数将客户分类并进行了数据的分析。他们发现使用了样品的人群中大约有接近25%人成为了他们的客户。第二次消费的人大概是首次消费人数的60%。第三次消费的人数是第二次消费人数的75%左右。三次

042

以上消费的则是第三次消费人数的80%以上。消费次数超过八次的人数占有过三次消费经验人数的90%左右。也就是说消费次数越多，再次消费的几率就越大。

提高客户试用率的话，只要增加广告投放就可以了，但是受到运营成本的限制，这一手段是有其局限性的。而提高那些消费率已经高达90%的客户群体的采购量也是非常困难的。所以目标锁定在如何提高第二次和第三次的消费上面。从数字分析得出的论据，将对之后的销售行动造成巨大的影响。

理论是简单的，实际执行并没有那么容易。事实上，公司内一直以来都有"加强跟进组的能力即可提高销售额"这样的论调。但是大家都没能够找到适当的方法。但其实方法早就摆在了大家的面前，只是没有人发觉而已。

这个方法就是：

跟进组在客户购买两三个月之后，立即与客户进行电话的沟通。这个时间点的计算是基于商品设计使用期限大概是两三个月，客户差不多要在这个时间点上购买新的产品，所以在这个时间点和客户沟通是最有效的。然后在三个月左右的时间点再和客户联系一次，诱导客户购买产品。如果客户并没有购买，那么给予客户一定的考虑时间，在两个月之后再一次进行电话促销。

经过了多次试错之后得出的这个方法在销售现场得到了切实的推广。迄今为止使用这个方法的效果是明显的，其有效性得到了全体员工的认可。

从次数到时间间隔的想法转换

这个方法是百试百灵的吗？在数据分析的基础上，变革小组的成员发现第一次消费与第二次消费之间的时间段也是有差异的。有些客户在第一次消费之后十五天左右就进行了第二次消费，而有些客户是在第一消费四五个月之后才进行了第二次消费。所以硬性规定客户消费后两三个月就进行电话促销的手段也不一定适合所有的客户。

接下来变革组的成员们又转变了视角，不是从次数而是从时

第三章　成功进行了销售典范转移的企业

间段来开始对客户进行了分析，分析得出一年内连续使用再春馆产品的客户的再次消费的比率较高。尤其是购买了四件套的产品的客户，最能够体验到产品的优点，所以再次消费的比例较高。

从以上的分析中，变革组得出了"一年内客户剩余比率"这样一个指标。销售的思路不再是客户购买的次数，而是"至少让客户一年内会使用我们的产品"。

起码维护一年的客户关系，在这样的思想指导下，从零开始了对客户的信息收集。小组内三名客悦组的成员开始了每天每人与三十名客户，合计九十名客户的定期电话调查，以此来收集信息。开始去了解为什么有些客户放弃使用再春馆的产品，而那些长期使用的客户又是由于哪些原因被吸引。

调查的结果表明，客户不再使用再春馆产品的主要原因有四条。第一条是与客户沟通的时候，没有向客户提出真正有帮助的建议，而只是进行了简单的推销。第二条是没有向客户说明产品与其他竞争对手产品之间的差异，让客户误以为与其他产品没有什么区别。第三条是过度的宣传让客户有了过高的期待，然而产品并没有达到客户的期望值。第四条是没有针对客户的皮肤特性进行用法和用量的说明，使得客户在使用过中没有达到本来可以达到的效果。

与此相对应的是那些长期使用再春馆产品的客户给出的反馈，对长期使用会员即便和产品没有关系，客悦组的服务人员也会热情地给出各种建议，因而对再春馆的产品有了更多一层的信任。

注意到与客户沟通的态度会产生的巨大影响之后，客悦组领导人松久佳世说了一番话大大地提高了客悦组的干劲。

在了解到与首次购买我们产品的客户相比，三个月再次购买我们产品的客户能够和我们走得如此之近，是我们没有预料到的。我们团队里的每一名客悦员听到过很多客户对你们说，"××女士，你们的产品真是太好了"，当你们听到这样的句子，就说明你们给客户带去了让他们感到超值的服务。我们的目的并不是说把产品卖出去，或者说挣到钱，真正理解客户的满意与失落，从这一点出发和客户紧密地联系在一起才是最重要的。

第三章 成功进行了销售典范转移的企业

变革小组就为了能够减少早期客户的流失，就何时以何种手段如何与客户进行沟通建立了基本的流程，并且就该运用什么样的工具对这些实践活动进行支持与帮助展开了研讨。

不为了跟进而跟进

通过对客户一年的使用情况的调查，小组发现"从开始使用产品十天到十五天左右"是非常重要的时间段。也就是说一个月之后的电话已经有些为时过晚。

经过试用后第一次购买了商品的客户，实际上已经是对产品有了一定的信赖，但是如果购买之后没有达到期望的效果就不会有第二次购买。那么关键就在于有些客户在使用的过程中确实没有感觉到达成期望的效果。不管再好的产品，如果使用方法不当，那么就很有可能达不到最好的效果。如果在顾客购买之后能够与顾客立即取得联系，与顾客沟通使用的方法就可以保证顾客获得更好的使用体验，有时候也可以调整顾客过高的期望值，让顾客感受到实实在在的效果。这样就可以有效地和下一次的订单连接起来。

一般来说十天就把产品使用完的情况是几乎没有的。如果刚刚给客户寄了样品，马上就给客户电话确认使用情况是不是真的合适呢？为了跟进而跟进的电话是不是妥当的呢？

再春馆的客悦组中主动联系客户的员工队伍对不能直接产生销售额的活动一直是慎之又慎的，因为这样会产生额外的人工支出费用，"不做促销的客悦组"这样的概念是不存在于公司之中的。然而在变革小组一次又一次讨论之后，他们做出了惊人的决定，为了确保"一年内客户剩余比率"，即便是和直接销售额没有关系的电话也要向客户拨打。

为了确保客户至少一年内会使用产品，还有其他很多问题需要克服。其中一个问题就是客户在使用新的方法时候，会逐渐开始出现倦怠，又逐步回到了以前的使用方法上来，也就是"中途懈怠"现象。但是客户是否发生了"中途懈怠"，我们除了主动积极地与客户联系外无从知晓，所以在四五天或者五六天之后也需要和客户再进行电话联系。

第三章　成功进行了销售典范转移的企业

此时样品组和客户的电话联系依然不是为了促销,而是为了了解客户的使用状况,防止客户产生"中途懈怠"现象,包括跟进组也要时刻提醒自己促销并不是第一位,能够理解客户的使用状况,提出适当的建议,确保客户不产生"中途懈怠"现象也是非常重要的。

客户接到电话一般都会想,"又是来推销的",为了不让客户产生这样的警戒心,可以事先发送联络邮件来缓解客户的抵触情绪。在客户开始使用产品后30天的时候,向客户发送联络邮件。邮件内容包括客悦组的工作内容,与客户联络的对应工作人员的照片,以及其他客户使用的感想文章等,最后再附上"如果想咨询任何问题,请随时和我们联系"一类的语句。通过阅读其他客户使用感想可以很好地增进对产品的信任。类似照片一类的信息因为没有办法通过电话来表达,所以一定要采用邮件的形式。此外,通过邮件的方式也可以一定程度上降低客悦组的工作强度。

然后在客户使用的第60天,第110天也要向客户发送联络邮件。第60天的联络邮件以商品说明为主,包括与其他公司产品的区别,以及原料的介绍等。第110天的联络邮件以促销送礼等广告内容为主，促销的氛围慢慢浓了起来。

如此安排之后，在了解客户使用情况和心理变化的基础上，提高"一年内客户剩余比率"的工作就这样展开了。

如何调动销售现场

为了实践"一年内客户剩余比率"这一新想法，必须改变以前以次数管理为基础的组织结构。在大家都已经习惯之前的做法的情况下，并且销售额也是稳稳当当的情况下，提出改变这样的体系是需要相当大的决心和魄力的。在投入了巨大资金的情况下，只能成功，不能失败。

变革组的绫部先生说："在企划阶段，一次又一次的讨论，就是为了做好万全的准备。一直以来，改变固有的模式，都不是那么简单就可以做到的，一出现异常马上就会有改回去的声音出现。但是会长也曾经说过，在艰难困苦中孕育用心血浇灌的事物，总要想方设法实现。我们在推行新项目时，最困难的时候也确确实实尝尽了艰辛。"

每个客户的想法都是不一样的，他们所处的环境也是不一样

第三章　成功进行了销售典范转移的企业

的。想要和客户建立良好的关系，针对每个客户需要有不同的方式方法，不是说照着工作手册来做就可以了，必须想办法提高客悦组成员的能力与技巧。

把变革的内容通知到公司的每一个人，不代表现场就会照着变革的内容去做。每个人都会有对变革的理解偏好。变革大概是这样的吧，然后这些理解中难免会产生偏差。

变革小组制订了明确的行动指南。具体的作业方法也向现场的每一个人认真而详细地传达了。本以为可以高枕无忧了，但是实际上这些步骤得以贯彻执行依然要花费相当长的时间。

最让人费心的工作是如何让现场的客悦员可以满怀自信地说出"明白你讲的意思了""就算客户怎么问，都能应付得来""我做得到"这样的话。在一次又一次的研讨之后，终于，我们确信"现场在发生改变了"。

做到这一点，我们依靠的指南有三条：
第一条，让客户打开心扉，倾听客户的烦恼，感受客户的

051

感受。

第二条，针对客户的烦恼提出合适的建议，根据每个人所面临的问题，推荐合适的产品，并且告知客户此产品与其他产品的区别。

第三条，了解客户的真实期望与需求，告知客户正确的使用方法和使用量，确保客户能够感受到产品的效果。

通过测试提高精度

贯彻了三条行动指南之后就一定可以得出好的结果吗？包括变革项目组，没有人心里有底，大家内心也都是半信半疑。包括公司高层的董事会成员，也都在暗自揣度"这样真的可以吗""这和上一届领导的做法完全不一样了啊""这样做还是再春馆吗"？但是只有西川先生坚信不疑。

西川先生这样讲道："改变做事的方法，说了就行动固然重要，但是更重要的是大家要齐心协力真正下定决心去改变。作为公司的领导人，我的职责就是团结公司成员成为公司的主心骨，保持前进方向不变，此外就是不要被过去所束缚，开拓进取，进

第三章 成功进行了销售典范转移的企业

行新的挑战。"

在西川先生的督促下，开始了小规模的测试。六个人组成两个小队，以特定的客户为目标，按照定下来的行动指南和作业流程进行了对比测试。结果得到了令人兴奋的答案。增加了跟进量的小组得到的来自客户的问询购买率远远大于另外一个小组。也就是说并没有去刻意进行推销，但是却得到了客户认可并购买了更多的产品。

变革小组就测试期间的电话内容，客户的心理，客户的变化等诸多内容进行了交流。然后就具体在哪个时间点，采取什么样的行动进行了细致入微的探讨，并且在此基础上就具体的对策和销售流程模型等进行了修正。

举例来说，打电话的时间由刚开始的时第一次在第15天，第二次在45天到60天之间的日子，修正第一次在第10天，第二次在第40天。另外为了帮助客户在使用试用品的时候可以按照最佳的使用方法获得最好的效果，在寄出样品的同时要将商品目录也一起寄出。而且在商品目录上将客户使用的产品进行特殊标注，增加客户试用品的说明页，让客户可以一目了然地了解试用品的使用方法。

再春馆制药所的产品是基础护肤品，不包括专门的化妆用品，但是为了解决客户所提出的问题，例如化妆品对皮肤产生的刺激、如何卸妆、怎么样获得更好的皮肤等一些肌肤烦恼，再春馆的员工们也会积极地向客户推介一些其他公司的产品。由此，在行动指南的第三条上，又增加了"除了本公司产品以外，凡是有利于解决客户肌肤问题的其他公司产品也可以推荐"的内容。另外为了确保即便是不同的客悦员接到客户电话，也能够给出相同的答案，再春馆对客户信息库中客户资料的填写方法也做了相应的调整。

在变革组成员的努力下，项目得到了一遍又一遍的修改订正。变革组的成员谈到，虽然已经改过很多次了，但是心里总会有一些放不下的东西，这个时候是西川先生站在大家面前说，"我们已经没有时间在纸上谈兵了，要把项目交给客户去验证了，一边实践一边改正"。在西川先生的督促下，项目终于得以在全公司推广开来。

第三章　成功进行了销售典范转移的企业

西川先生这样说道："初期测试的结果很好,这是无可争议的事实,但是成败与否在于人。如果大家有让这个项目成功的信念,那么一定会出好结果的。变革组的每一位都已经竭尽全力了,我相信他们努力的成果。"

全公司推广

将变革向全公司推广,关键点就在于要让全公司的每一个人深刻理解变革的必要性。只有每个人都感觉到变革不只是嘴上说说,而是势在必行,变革才能够真正开始。

变革小组为了让客悦组每一个成员能够统一思想,对客户的构造,变革的前景等内容做了大量详实的资料,然后向大家做了认真仔细的说明。

在进行全公司推广的时候,制定了将"一年内客户剩余比率"提高5%的目标。一旦达成这个目标,就相当于增加了相当数量的长期用户,带来的将不仅仅是当前年度的销售额提高,还有长期的增长效果。因为真正支持着公司发展的主要是来自长期客户的收益。考虑到仅有数字的指标是不够完备的,于是将"满足客户的皮肤，更满足客户的心，让客户和我们携手一年，了解我们的产品，与我们长久相伴"作为愿景表达了出来。

为了让公司团结一心，公司决定去阿酥市的旅游区进行住宿拓展训练。不光是管理层的员工，客悦组员工也都有参加，那些销售业绩不好的员工也没有被排斥在外。这在再春馆是史无前例的，之前只有新员工入职的时候才会搞这样的拓展训练。而且时间还挑在工作日，有人反对说这样会产生很大的成本，但是西川先生却坚持要举办这样的活动。

西川先生这样说："客悦组员工是与客户直接接触的最前线的员工，如果他们可以自觉自主地进行工作，能够朝着目标努力的话，这些花销都不算什么。有些来自变革组的意见，有时候自己也会因为种种原因想去干涉。但是这个时候就要有强大的自制力。如果驳回他们的意见，会不会得到更好的效果？如果不能，那么为什么不按照他们的建议去尝试一下呢？"

每次的拓展训练大致会有10人左右的客悦组成员参加，这样的拓展训练比管理层的拓展训练还要做更多的准备。比如要准备很多具体而且易懂的报告，还有一些客户反馈的录音等等。松久先生说:"要让参加拓展训练的客悦组的成员们明白,公司的战略方针都是围绕着他们展开的。"

松久先生还说道:"为了把自己做的事情清清楚楚地传达给现场的人,真的是费了很大的劲。为了让大家能够理解我们的想法,我们不能强硬地说,'请这么做',而是要采用更加能够让人接受,并且更加清晰的方式,比如'在这个时间点采取这样的动作是非常重要的'。不是说只要传达了就好,而是要和大家一起再深入地研讨每个细节的意义。这样做真的很累,很辛苦,但通过这样的行动,每个人都真正有了为客户考虑的服务意识。由此带来了非常好的成果。"

一年的变革终于有了成果。"一年内客户剩余比率"成功提升了5%。照此计算一年内的销售额也将提升十二亿日元左右。事实上再春馆也完成了连续四个季度的业绩增长,销售额增长的50%归功于跟进项目的变革。

西川先生是这样评价这个结果的:"客户满意才会有销售业绩,客悦组的员工之间的销售额的差异,并不全是他们销售能力的差异导致的,更多的来自于是否真心实意地努力让客户感到愉悦。这不是技巧的差异，是来自于是否为客户达到"更加美丽"这个目标而提出了暖心的建议。现在我们的公司拥有这样的环境，100多名员工，每个人都在考虑相同的产品，也都在考虑客户的问题。这就是我们公司的优势。我们的客悦员都不再只是主动联系客户然后推销产品的人员了，我们的客悦员是倾听客户的烦恼，为客户提供解决方案，然后自然而然吸引来订单的人员了。当然也不是说这个方法就是万能的，会有遇到瓶颈的那一天，所以为了解决这个瓶颈，我们现在就必须开始行动了。"

销售TQM的假说验证循环，现在也在一直进行着。

■尤妮佳宠物用品采用行动管理，让销售自己进行变革

强行推销的常态化

尤妮佳宠物用品公司（现尤妮佳集团宠物用品部门）是生产狗粮、猫粮、宠物用品的厂家。母公司尤妮佳集团则涉足以纸尿布为主的婴幼儿用品，生理用品为主的卫生用品，以及家居用品、工业原材料、食品包装等各个行业。其中宠物用品是在1986

年开始介入市场的，当时发展迅猛，即使日本经济泡沫破碎的时候也没有受到什么影响，但是之后就开始走了下坡路，2000年的时候业绩大幅下落。

正值公司危急存亡关头，2002年的时候，原任总公司常任理事的二神军平先生成为尤妮佳宠物用品的社长。二神社长曾经有过重整事业部的经验，当初设立宠物用品部门时也有二神社长参与。

赴任不久，二神社长就以观察员的身份参加了尤妮佳的分店店长会议。会议上所看到的、所听到的完全出乎二神社长的意料。各个分店的店长就当月的报告进行讨论时候，会议的主题是关于仓储公司、运输公司等等。而这些话题的背后，是强行推销常态化这一严重的问题。

货从尤妮佳产品出到经销商那里，就算入销售额。所以如果当月的销售任务难以完成的时候，就会给经销商一定的折扣或者回扣，然后将库存产品强行出货给经销商，这样就可以做到收支平衡。但是出货给经销商的产品不一定就能够卖得出去，卖不动的就都成为了经销商的库存，有时候经销商自己的仓库满了，没有办法还得去别处租用仓库，然后这些租用仓库以及搬运的费用都会再找尤妮佳来负担。毕竟这些都是尤妮佳的费用，为了可以尽量节省，为了可以找到尽量便宜的仓库、尽量便宜的运输公司，各个分店的店长们也是绞尽脑汁，所以一开会大家就互相交流这方面的信息了。

这种强行推销有很大的弊病。首先这些产品不一定最后就卖出去了，但是都被计入了销售额，所以公司无法正确地把握实际的销售动态。销售是不会跑去看这些堆成山的库存品的，所以他们根本认识不到问题的严重性。此外销售所产生的成本中，促销费用和物流成本到底占了多少也没有人可以说得清了。经销商手里的库存太多的时候，那么货物的跌价也是在所难免。

更严重的是一出货，就算作销售额了。但是促销费用是在支付的时候才计入成本的。由此就产生了一个时间差。所谓好了伤疤忘了疼，只要完成了月底的任务，对之后被计入成本的促销费用，这些店长都没有正确的认识。

当然也不是说大家都以为这样做就是好的。但是公司评价制度是残酷的，哪怕你达到了设定目标的90%，如果在月末的时候剩余的10%没有完成，那么就会判定为不合格，没有人会关注为了90%所付出的辛劳。这种只看结果不看过程、数字为王的评价方式，导致了大家为了完成目标不择手段，不管花费多少促销费也不以为意。

然而即便花费了大量的额外成本，往往也还难以完成每个月的任务。有一位店长曾经承认，"当时能想到的办法都想了，但就是完不成任务"。销售们已经陷入了强行推销的恶性循环中，完全不能从这种恶性循环中脱身出来。二神社长冷静地认识到问题不仅是连续赤字，更可怕的是销售们尽管疲惫不堪但销售现场依然一团乱麻。

不看数字看行动

这一团乱麻该如何理清。二神社长做了一个极其大胆的决定，取消销售数值目标。数值目标是必要的，但是如果只盯着数字看，到了月底为了完成数字任务而去做强行推销，所带来的危害更大。做了这样判断后，二神社长召集了所有的销售做

BCG经营战略：成熟市场的销售变革

了如下的宣言：

"从下一个季度开始没有销售额的任务了，下个月的销售额跌多少都没有关系，卖不出去的产品就不要再卖了，绝对不允许再向经销商强行推销产品。"

此外，二神社长还要求立即处理所有未理清的促销费用，身上的肿瘤是越早切除越利于健康。不去追究之前到底花了多少钱，要求销售们把藏在抽屉里口袋里的各种白条都拿出来，通过财务迅速处理。

不去看数字了，但是要看行动。二神社长要求今后每周都要依照拜访的客户和拜访的次数进行管理。

图表2　尤妮佳宠物用品公司简介及业绩变化

公司简介（2009年4月资料）			
行业	宠物食品及宠物用品的制造销售	注册资金	23亿7100万日元
成立	1979年10月	员工人数	210人

第三章　成功进行了销售典范转移的企业

业绩变化

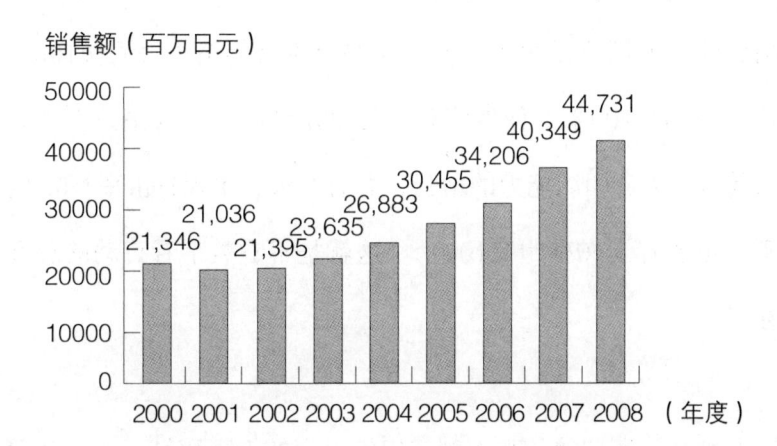

销售额（百万日元）

年度	销售额
2000	21,346
2001	21,036
2002	21,395
2003	23,635
2004	26,883
2005	30,455
2006	34,206
2007	40,349
2008	44,731

销售额（百万日元）

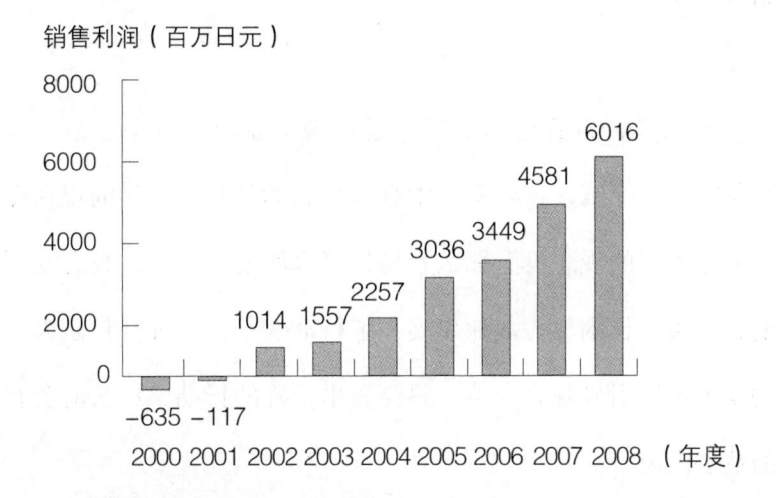

销售利润（百万日元）

年度	销售利润
2000	−635
2001	−117
2002	1014
2003	1557
2004	2257
2005	3036
2006	3449
2007	4581
2008	6016

出处：根据报表资料制作

"一个棒球运动员，不是说教练命令他打击率到0.3，他就可以做到0.3。但是如果要求他挥棒100下，这种无关技巧和能力的事情，任何人都可以做到。所以说要求所有的销售每天做100次挥棒，跑10个100米这种事情总是可以做到的。只要坚持下去，那么随着个人、团队能力的增强，总有一天会出现打击率到0.3的选手，也能有人10秒跑完100米。这就是不看数字看行动的意义所在。"

二神社长所期待的强大销售组织是能够上下团结一心，朝着共同目标急速前进的组织。为了实现这一目标，需要销售们自发开始自我变革。

一般来说，自我变革的顺序是：观念变革→行动变革→能力变革→习惯变革。这些顺序中难度最高的就是第一步的观念变革。多年形成的观念没有那么容易就可以改变。于是在观念变革之前，二神社长别出心裁地先展开了行动变革。二神社长认为，行动变革可以引导观念变革，只要做出正确的行动，那么就会有好的数字出现。

第三章　成功进行了销售典范转移的企业

2001年4月开始废除了销售数值目标。销售们不需要去为了完成数字而疲于奔命，但销售额的下降也无可避免。回忆起当时的变革，二神社长感慨道："也是早有预料的，但是内心也是非常害怕的。"

作为尤妮佳集团的一员，不可能说真的没有销售的目标。虽然对销售们说不需要去追求数字，但是作为公司的高层也还是顶着数值目标的，压力非常大。然而二神社长严格要求包括各个店长在内的高层管理在销售们面前不能表现出丝毫的不安。

如果各个分店的店长们做不到不关注数字只关注行动的话，那么销售们就会产生疑虑，会变得疑神疑鬼。为了防止这样的情况发生，二神社长要求各个分店的店长们对总部要求的数字绝口不提，"在销售的面前，就算嘴巴被撕开也不允许有任何人提起数字的事情，严禁向销售要求数字"。

废除每日的报告和分店店长会议

在开展以行动为基础的管理活动的同时，二神社长也开始废除一些不能产生附加价值的活动。第一个被废除的就是每天的销售报告。

不是说销售日报里面写的都是谎言，但是说不清楚到底是事实还是借口。还有，成绩都写在报告上了，但是没有办好的事情就不会出现在报告上。卖不出去的原因或许是竞争激烈，但是如果是由于该去拜访的客户没有拜访，该向客户详细说明的没有说明而导致客户没有采购，这些情况也不可能从报告上看出来。

真正会影响到销售的一些情况，比如"没有拜访客户""没有见到关键性的人物""客户没能够很好地理解产品的价值"这些句子，是不会出现在销售们的销售报告上的。这些没有去执行的，或者说执行了但失败了的负面信息，本来也应该是要共享的才对。

如果只看销售的报告，就有可能做出错误的判断。比如说北海道分店的销售在报告中写到"北海道地区有其地域的特殊性"，而九州的销售则写到"九州地区不同于其他地区"。但是如果追问下去，到底特殊在哪里，答案又变成了"竞争对手的价格更加便宜""零售店要求的利润点过高"，结果不管北海道还是九州又都变成了一样的答案，没看出有什么特殊性在里面。对手的激烈竞争，零售店的利润索求，也许都是真实存在的，但是如果就这么看报告，大多数情况下都是毫无依据就批准了不合理的低价。

图表3 尤妮佳宠物用品销售变革

变革项目	旧体制	新体制
目标	销售目标（月）	行动目标（周）
管理	销售日报	OGISM（A）表
优先顺序	根据各个分店情况	全公司1P
会议	按层级	一体化（电视会议）
交流	分店店长全权负责	义务化的研讨会

替代每天日报的是可以清楚体现每周目标和行动的"OGISM（A）表"。"OGISM（A）表"是指：Objective=阶段目标；Goal=总目标；Issues=课题；Strategies=战略；Measures=评价基准；Action Plan& Programs =行动计划。这是一张为了达成目标，将目标分解，一步步行动的计划表。表格内需要填写"未完成的项目"以及"为什么没

有完成",这样做就可以为下周的工作订好目标。

一直以来公司有全国各个分店的店长会议,还有定期的销售会议,以及小组会议等。但是这种官僚结构的会议,会导致信息在传达的过程中出现偏差,不能把一线的信息准确迅速地传达到公司的高层,然后高层的指示也会根据传达人的主观想法和理解不同而发生改变。

为此,为了让全公司可以实现信息共享,公司设计了新的体制,全公司只制定1P(1 priority),也就是一个最优先课题。同时开会的形式也改为从分店店长到新加入公司的新员工都要参加的电视会议,叫"SAPS会议"(之后详细介绍)。

此外,为了增强组织内部的交流,公司内要求各分店的店长,在各个分店至少每月组织一次研讨会,就需要解决的课题和行动,与自己的部下开诚布公地进行交流。

即便有时候自己的意见建议是正确的,但是如果说话的方式不对,也不一定就能够得到对方的认同。只有在尊敬对方的基础上，与对方进行坦诚的交流，才有可能促成组织内形成积极变革的风尚。同事之间推杯换盏觥筹交错也是交流和建立关系的重要一环。

使用SAPS，加深思考

在建立了这样的组织结构之后，开始了PDCA（Plan/计划-Do/实施-Check/检查-Action/处理）管理循环的验证。为了反映尤妮佳所特有的一些做法，公司内将PDCA又改为SAPS。

S是Schedule（建立起思考与行动的计划表）；A是Action（按照计划执行）；P是Performance（检查效果，提取需要改进和修正的点）；然后S同样是Schedule（通过对本周计划的反思，建立下周计划）。

销售使用OGISM（A）表格，按照紧急性和重要性将各个课题排序。要采取适当的行动，就首先得对课题进行分析，对目标进行设定。"现在最大的问题是什么""为什么这个是最大的问题"，要对这写些题进行刨根问底的分析。

课题的关键字不能是诸如"挑战""加强客户访问力度"等模棱两可的词汇。必须是"挑战10亿的成本削减""每月访问4次Q公司"一类的句子。为了不发生意思的偏移,必须彻底采用这种谁看到之后都可以去行动的口号。

在经过发现问题和分析原因之后,需要决定本周的重点课题,此时需要使用到1P滚动表格。为了明确导致上周结果发生的原因,必须一次又一次地反复问"为什么",以此来搞清楚因果关系,得出改善的方法,并由此有逻辑性地判断这个方法是否可以帮助解决本月的课题。

之后要使用到的是"SAPS周报"这张计划表,何时何地谁做了一些什么事情必须明确地表达出来。以此为基础进行销售活动,并由此开始参加SAPS会议。

SAPS会议中,所有的人员将回顾他们上一周的工作,并向所有人分享他们下一周的工作重点。统一所有人前进的方向,将会让每一个成员切实地感受到他们的工作完成度。

为了能够让所有人都可以熟练地运用这些工具，详细地向员工们介绍了使用这些工具时必须注意的事项、规则，并准备了详细的说明书来介绍正确的填写方法。

销售的态度改变了

之前都是上司说"卖出去"，现在变成了"去见客户"。很多销售开始面临新的挑战。把产品卖出的压力很大，但是被强制规定拜访客户次数同样会带来不小的压力，尤其是那些销售额不是很高的客户的门槛都很高。但是去哪家客户多少次都已经被规定了，也没有办法每次都去跑熟悉的客户。即便是脸色难看，难说话的客户也要硬着头皮去拜访。

另外频繁拜访客户，还有一个问题就是：慢慢地就没有话说了。两个月之后的订单也谈好了，特殊价格的商议也结束了，接下来就不知道该谈些什么了。因为也没有什么特别的话题，约客户都约不到了。

销售们开始抱怨"不管是客户还是我们自己，都没有什么话可以聊了，这么拜访下去还有意义吗？还不如以前有数字的目标"。

拜访客户，这是谁都可以完成的行动。以此为基础的管理中，找一个做不到的理由是很难的。

为此，二神社长批评说："数字目标管理的时候，如果完不成任务，可以找很多理由。就像打棒球，如果没有击中球的时候，就可以说'今天那个投手很狡猾'。那么谈生意的时候也可以说'也不知道竞争对手到底开了什么样的条件，之前都和客户谈好的，还是被抢了啊'。但是对于行动，所有的借口理由都不好使，只要肯去，就总有办法。"

于是，销售们只能自己寻求改变。不管怎么说，客户的采购负责人其实也是很忙的，能够让对方挤出时间见面，必须要和对方搞好关系。见面不能让对方难堪，必须让对方觉得自己是有价值的销售，所以与对方相处时就不能三心二意。销售们需要做到的是，不需要被对方问及，就能够主动地向对方提供有价值的信息，所以必须要自觉主动地开始学习，并且与同事们开始交流信息与经验。

第三章　成功进行了销售典范转移的企业

对于销售来说，最重要的莫过于为自己负责的客户做点什么之后，自己所感受的那份愉悦。相较于上司的表扬，客户电话里一句"等你电话都等到月底了，什么情况啊"更加地让人开心。能够被客户认可是最重要的，客户电话里的一句话，可以让销售放弃中秋的假期，放弃黄金周的旅游，跑回公司上班。有意思的是，在这种情况下，即便销售通过努力，百分之百达到了公司的要求，依然会觉得还有不足。相对于公司要求的业绩，能够被客户认可，能够被同僚们称赞的销售更加具有满足感。

这个时候，销售们会如饥似渴地阅读总部发来的新产品的产品信息、推广计划，然后将其运用到工作之中。而之前数字管理的时候，这些资料是没有人会真正看两眼的。总部每周五早上九点的SAPS会议会发布这些信息。

但当时销售最为抵触的事情就是参加每周的SAPS会议。很多销售都以和客户或者经销商有了预约为借口逃避会议，刚开始参加的人数大概只有六七成。

但是，销售们慢慢地意识到，参加会议可以得到很多有用的信息，而不参加会议则会对下周的工作产生障碍。销售们开始努力调整自己的日程，尽量让自己可以在每周的周五参加公司的会议。现在参加的人数是百分之百。

一步一个脚印

从以行动为基础的SAPS活动展开以来，尤妮佳宠物用品的销售现场在发生着转变，到2001年的下半年公司也开始复苏。在销售体制变革成功的基础上，二神社长开始了对产品能力的变革。因为从本质上来讲，产品销售不出去的第一要因不在于销售，而在于产品本身。

现在的尤妮佳以区域营销的思维为基础，通过展开缜密的调查开发新的产品，选定主要经销商，强化促销手段等各种市场战略，开拓新的领域。如果不是当初设定了每人每家客户拜访几次这样详细而正确的方法的话，那么销售们再努力也难以实现目标。如何进一步提高精度是一个重大的课题。

"变革的要点有三：第一是一定要考虑到此消彼长。要开始新的事情，就一定要结束一些旧的事情，比如取消销售日报和取

第三章　成功进行了销售典范转移的企业

消分店长会议就是一个很大的决定；第二是要设定正确的行动准则；第三是采取行动必须要在充分交流的基础上。

深知巩固变革成果之艰难，为了确保变革的成果得到稳固，公司还进行了360度评价，如每半年在公司内进行一次匿名调查等定点观测活动。

如果事情向着好的方向发展，那么大家就立即会想着马上进行下一步，不由得想做一些新的东西，但是这个时候一定要忍住，不然就不能确定是否真的稳固了。只有自己能够意识到已经没有问题了，真的稳固了的时候，那才是可以稍微松一口气的时候。

二神社长是这样看待变革时候领导者的作用的："提高组织能力，是公司老板的责任。这关键在于可以提高公司中最底层的20%人的能力，必须制定出可以让这20%的人动起来的方针和制度来。只有全公司所有人都动起来了，那么大家才可以品尝到成功的味道，提高自豪感，从而提高业绩。变革（对公司的管理层来说）是与自己的战斗。要相信通过变革可以让公司的员工更加的幸福，绝对不能败在自己的手里。"

会被忽视。尤其是在一家公司从零开始,但迅速成为企业龙头的情况下,这种事情发生的可能性就非常大。

新山先生还发现,在CA当中有一种风气,就是CA们以能够和求职者成为好友为荣。但是新山先生认为,求职者最需要的不是知心的朋友而是一份可靠的工作。CA们不能只以自己完成的业绩为荣,更要去关注还没有完成的项目。新山先生意识到必须对销售们进行一次思想的转换,于是启动了销售的变革项目。

作为变革项目组组长的是职业提升一部的部长深堀先生(化名)。变革的题目是CA和RA的意识变革,这是一项非常艰巨的任务。要提高整体的附加价值和生产性,不能放任个人的创意和想法,必须建立简单而行之有效的工作模式,然后将其推广到整个公司。这样的做法对崇尚自由作风的瑞可利来说,看似是背道而驰的。新山先生相信深堀先生是最为合适的人选。

但深堀先生却有些消沉,因为之前他也曾经领导过公司的变革项目,但最终以失败告终。深堀先生也是一位一直有强烈危机意识的领导,他也深感公司一直以来的做法最终会面临瓶颈。

第三章　成功进行了销售典范转移的企业

2002年的时候，深堀先生被委派到IT部门，正值IT泡沫破裂的时候，IT部门的销售额相对于2001年几乎下降了50%。深堀先生回忆道："那个时候的IT部门已经是濒死状态了。"但是深堀先生还是立马就展开了行动，在认真听取意见之后，提出了总共近百个课题，一个一个地着手解决。之后，IT部门开始逐渐好转，但是并没有出现大的反转。深堀先生感慨到"没有一个好的突破口，进展的速度太慢了"。深堀先生想到变革也许会成为一个好的契机。新山先生在这个时候给了深堀先生莫大的支持，他向深堀先生保证道，"我会牢牢地帮你扶住梯子的"。

规划战略

深堀先生被说服了。2003年的8月他开始领导变革小组开展工作了。首先做的就是调研销售现场。对CA、RA包括法人客户都进行了询问调研。同时观察CA、RA平时的工作状态，将所有收集到的信息进行了汇总。此外，对以往收集来的庞大数量的人才简历和客户发来的需求信息进行了分析，按照行业，成功率，匹配成功速度等进行分析。对公司目前存在的各种问题进行了解构，对应该如何解决问题和CA、RA进行了大量的讨论，并一起就数据分析进行了反复确认。这刚开始的一步实际上也是最难的一步，花费了相当多的人力和工时。

　　人才中介行业实际上是一个很接近商品同质化的行业。客户不会对某个中介公司持有忠诚度，这家不行马上换一家就可以。为了方便找到需要的人才，同时在好几家中介登记也是常有的事情。同样，找工作的人才如果迟迟得不到合适的介绍，也会通过别的中介去寻求求职机会。通过自己所在公司推介的人才多寡也是竞争中的一大问题。因此提高服务的品质显得尤为重要。

　　于是公司以"百分之百得到人才和客户的依赖"为方向，确立了全公司统一认识的方针。并且依此设定了新的价值指标，并依照新的价值指标，使用寓意人才和人才需求匹配的口号"热点×热点"在公司内推行开来。

　　不管在哪个行业，怎么样的企业，当数量基本稳定，开始追求效率的时候，有一句话可以说放之四海皆准，那便是必须提高服务的质量和目标的准确性。在人才中介行业，各个流程中最为关键的是与人才的第一次见面。对人才信息的了解，换句话说，在面谈的时候能够尽可能多地去了解人才的信息，然后迅速判断出人才与企业的匹配度，这也基本决定了之后成功的比率。和第一次面谈的技巧也多少有关系，因为都是个人和个人的面谈，所以做法也是因人而异，要做出标准化的问题和企业介绍都是很困难的事情。所以如何克服这一问题是接下来面临的一大课题。

一直以来，瑞可利解决问题的手法是观察最优秀的员工，研究他们工作的模式，并从中找出解决方案。但是尽管大家都模仿了那些优秀员工的方式方法，但结果却往往事与愿违。

深堀先生说道："现在最重要的事情不是再招聘更多优秀的员工，也不是提高那些优秀员工的能力。20%的优秀CA，他们都有自己的一套手法，可以放手让他们自己去工作。重要的是将让剩余80%的CA能力得到提高。如何让他们的能力提高，做出一定的成绩，是我们接下来考虑的问题。因为我们的思想得到了转变，我们的项目由此取得了很大的进步。"

大家以寻找一种让所有人都可以明白，不论经验多少与能力高低都可以掌握的有效行动为目的，进行了专注而彻底的分析，希望可以将这些行动整理转化成有效的工作模式。举例来说，有

"决定率"这样一个指标,但是具体该做什么就不是很清楚。所以需要对指标进行说明,一定要详细到"在这个时间点上做这件事情"这个层次才可以,指标必须是可以定量的,同时也设计了对完成指标的激励制度,然后开始小规模的验证阶段。

关键人物参与的小规模验证

2003年末开始,深堀先生领导的IT部门开始了小规模的验证。在建立新的制度与架构时候,因为经理们已经对现状做了详细的调查,并多次交换了意见,所以开展得比较顺利,但是到了实行的阶段,却变得坎坎坷坷。大家都已经自由惯了,忽然要被规则束缚住,都怀着很强的抵触情绪。很多人都怀疑新的方式方法能不能够顺利进行下去,公司里一直存在的"不完全确定的事情就不好执行"的风气,在这个时候成为了很大的阻碍。

因为是这样的情况,所以在验证的前后一个月左右的时间,主要用来说服相关的负责人。为了说服有些比较固执的经理,会议开了不止两三次。

深堀先生对新战略满怀信心,有数据做支撑进行战略的思考，一次又一次关于公司价值和远景是否一致的讨论，一次次模拟如果照着变革方向走下去会出现什么样的情况，从时间长短，到领域的宽窄进行了细致的讨论。"这么做，一定会给我们的事业带来价值"，在这种强大的信念下，深堀先生的发言显得非常有说服力。"为什么不要结果，要过程""我们到底要给客户提供的什么样价值"，这些问题一个一个得到详细解答之后，没有谁再提出反对的意见了。

深堀先生最为重视的是能够得到关键性人物的支持。为了让每一个经理级别的人都可以理解这些想法，能够团结一心，坚持不懈地沿着变革路线前进，深堀先生也是殚精竭虑。只有经理层都感觉到身负重责的时候，才能够同舟共济，以行践言。

将关键人物拉到同一战线上的时候，就可以召开全体员工大会。将变革的目标、方法一条条解释给员工们，一定要让全体员工形成统一的认识，在困难面前不屈不挠，开拓进取。

改变行动很困难
在引入新的方式方法的时候，所有人都会感受到困难和痛苦。

主要是因为每天的工作都被细化，感受到强烈的约束。比如有些人虽然天天说要去记一下家里的账，却从来没有做过，但是忽然被要求必须每天记账的时候，也会有这种难以坚持而且非常不习惯的感觉。深堀先生自己是这么形容的，"就像是开杂货店的老板，本来是想几点开门几点开门，几点关门就几点关门的，忽然被总部要求改成了二十四小时营业的便利店，当然会不适应了。"

当然，改变行动也不是说就得180度的大回转，但是每天有那么四五件事情被规定了下来，要坚持每天都去做，还是很困难的。很多人都会抱怨，"把我们当机器人看啊"。尤其是那些优秀熟练的员工的抵触情绪更强。但是，深堀先生坚持每天都问大家，"今天必须要做的事情，是不是都完成了？"深堀先生相信如果每天都留那么一些没有完成的任务，日积月累就有做不完的事情会堆积起来。

同时公司改变了对员工的评价方法，这在思想转变上也起到了很好的效果。以往的评价方法都是只看结果，但是现在新的评价方式以流程完成度到达60%为一个基准，即便还没有得到最终的结果，如果已经达到了一定的流程完成度，也会得到好的评价。同时

第三章　成功进行了销售典范转移的企业

这也传达了一个信号,"如果没有按照流程做事,即便有了结果,也不会得到好的评价"。人事部是比较反感对小型验证项目进行单独评价的,但是在深堀先生苦口婆心地劝说下,终于得到了人事部门的配合。为了给经理们做出表示,深堀先生身先士卒,首先将对自己的评价制度由结果基准改为了行动基准。

深堀先生可以如此强硬地推行他的变革方案,新山先生向他做出了保证。新山先生向公司的董事会,部长级别的领导们一直热情洋溢地宣传变革的蓝图,甚至一直在向公司高层传达着,"只要我在任一天,就不会让这个变革停止"的强烈信号。

迅速到手的成果,让气氛为之一变

小型验证项目刚刚进行了两周,有一位CA,他所推荐的人才就职率一下子增长了许多。这位CA之前的成绩一直平淡无奇,推荐的人才就职率一直不高,但忽然取得这样的成绩,完全归功于认真执行了规定好的行动。两个月过去了,整个验证组的成绩有目共睹,相较于其他部门来说突出很多。

深堀先生讲道,"刚开始绝大多数人都还是很反感新的工作方式的，但是身边的同事忽然就有了好的业绩，那么周围的同事一下子就被带动了起来，大家都开始模仿了。慢慢地变革的征兆就出现了，大家也不再一根筋地反对了，公司里的气氛也逐渐变成了试试看，说不定这条路走得通"。

新山先生这样说过，"这个项目重点在于让一直以来成绩平平的CA能够做出成绩，如果三个月过去了，还没有什么效果的话，那么这个项目就可以宣告失败了。一旦失败，就会被公司里评价为没有用的计划，想再试一次几乎是不可能了。重点就是要快速地出成绩。"

新的方法和提高服务品质也是紧密相连。IT部门将"推荐成功率提高1.5倍"作为了第四季度的目标。并且采取的方式并不是和以前一样，用提高推荐总数来提升推荐成功率，而是在总数固定的情况下，提高推荐服务质量。也就是说要尽量地帮助到那些求职者。由此CA的工作方式也开始发生了变化，之前往往是只和求职者进行一次面谈，但是现在一次不行进行两次，两次不行进行三次，对待求职者更加热情与耐心了。

第三章　成功进行了销售典范转移的企业

深堀先生说道："每天做必须要做的事情，不是让员工变成机器人，而是让他们通过这样做来提升办事的效果，提高与客户交流的质量，提高与求职者面谈的质量。员工们也开始意识到这一点，对待面谈的态度也比起以往认真了很多。"

第四季度的结果是推荐成功率提高了接近两倍，通过采用新方法使得业绩得以提高的CA都这样说："能够加入这个公司，然后向客户提供这样的服务，感觉真是非常好。"让每一个求职者都可以尽快找到合适的工作，CA们都实实在在地感受到了这种工作所体现出来的价值。

小规模验证中注意到的事情

小规模验证中发现的问题都被逐一查出，然后进行了各种修正。比如有件事情在某个时间点应该完成，但并没有做好。追查其原因，原来是在资料准备阶段就出了问题。发现这一问题之后，确立了CA在向业务员发出资料之前，先向业务员提供资料使用指南，并登记都向哪些人发送了资料等的流程，对KPI进行了改善。

为了更好地进行PDCA循环的管理，公司建立了能够充分对个人进行指导的小组制。经理们在周会上必须对自己所在小组的情况进行汇报，这样的话经理也就必须去和自己的小组成员充分沟通。为了能够尽早地做出成绩，早期的面谈显得尤为重要，有时候经理也会和小组成员一起参加面谈。一直以来，CA和求职者的面谈，上司都不怎么参与，到底是怎么谈的，上司是毫不知情的。所以当上司问CA为什么有些求职者迟迟不能落实工作的时候，CA总是求职者目前不着急找工作为由进行搪塞。但现在使用KPI进行监督管理，经理可以给那些一直成绩平平的员工提出更加合适的建议，应该怎么去做，怎么做会更好，可以就细节、流程进行具体的指导。

一直以来，大家对瑞可利的经理印象是"有较深的城府，同时兼容并包，接受各式各样的员工，听从各种各样的意见"。但是这个项目所希望改变的正是这些经理的形象，这个项目希望可以将经理的形象塑造为"将一种价值观贯彻到底"。当这种改变带了好的效果的时候，不仅是经理层，经理以上的部长们也开始了自我的变革与转变。职场不仅仅是大家可以愉快开心工作的地方，更重要的是能够给客户创造更多价值的地方，有时候是需要听取大家的意见，但有时候也必须独断专行，将反

第三章　成功进行了销售典范转移的企业

对的声音压制下去。

组长的作用发生变化的同时，他们也容易被提拔成经理。一直以来，只有表现好，成绩好的人才可以得到提升。但现在更多的是去比较流程的完成情况，流程是可以看得一清二楚的，只有那些在努力推进流程的人，以及那些帮助组员成长的人会被提拔为经理。

全公司项目推广

小型验证成功之后，马上就开始了全公司的推广。IT部门之后是首都圈，接着在第二年五月在关西和名古屋展开。相对来说，董事会成员和各个部长很早就知道这些项目，所以比较容易理解，但是让基层的员工们理解新的做法花费了不少时间。"KPI""推进要素"这些术语都是听都没有听过，何况外语词汇，大家的抵触情绪还是很强的。很多人都找借口说尽管在IT部门已经验证成功了，但是大家负责的行业不一样，所以新方法不见得就适用。

这个时候，起到了重要作用的是被大家称作"传道士"的一批人。为了让项目在全国各个公司推广开来，必须把一些核心的关键的人物派到各个公司里去。瑞可利一边培养这样的人才，一边把这些人才输送到全国各地的公司中。此外邀请那些即将展开变革的小组的组长们参与到已经展开变革的活动小组的周会中来观摩学习。然而自己以为已经理解了，和实际工作时候的理解还是有差距的。

当然也不是说要一刀切，要全国各地的公司都采用完全一模一样的办法，根据各个公司的实际情况做一些微调也是可以的。要点在于让公司员工感受到这样一个指标的存在，当与客户接触的时候能够把握自己做事的步骤与节奏，这对持续进行销售变革是非常重要的。只要公司实现目标的本质是一致的，即便各个公司的口号有所不同也是没有问题的。

有些人提出给求职者提供的价值应该是"帮助求职者找到有认同感的工作"，这个说法想来大家都会赞同，所以说也不必拘泥于"KPI""推进要素"这样的词汇。只要目的地是一致的，能够为达成指标提出建设性的意见就没有问题。此外大家也开始认识到定期开展的客户满意度调查，与公司价值指标之间，是有着很

第三章 成功进行了销售典范转移的企业

强的相关性的,这极大地增强了说服力,越来越多的人开始坚定地支持变革的进行了。

瑞可利的员工也在不断地增长,客户也在不停地增加,但是瑞可利提供的服务质量确实越来越好,客户满意度越来越高。这有赖于公司将"行动流程"这一"型"树立了起来,并将其具体化,让新加入公司的员工也可以在很短的时间内掌握,迅速地转化为战斗力,为公司做出贡献。

■汽车销售商A公司以实现客户满足为目标,进行现场培训

汽车制造商X公司的老牌销售商A公司,近期的销售业绩很差,一直在走下坡路。A公司一直以"为客户提供最好的服务"为宗旨培养优秀的销售员。今年的销售目标设定要比去年还要低一些,但是很多销售网店还是没有能够完成目标,此外不能提供更好的服务促进新车的销售也是令人担忧的。

BCG经营战略：成熟市场的销售变革

公司总经理曾经是一名优秀的销售，也曾作为店长将所在的店铺发展成了那时候的最佳店铺。面对现在的窘况，他意识到必须对销售现场进行合适的OJT教育（On Job Training，在岗培训。译者注），同时也意识到公司总部给予各个销售网点的支持力度还不够。但是到底应该怎么去做，他还没有理清楚有效的办法。

由总经理亲自领导的直属项目由此立项，以OJT为核心的销售变革由此拉开序幕。变革不是要强制性地要求销售们短期内提高销售额，而是从中长期来看提高顾客价值，与客户建立良好的关系，从而实现企业的复兴。

项目组的成员包括一名担任多家销售网店的区域经理，一名最佳销售，一名既有销售经验同时也曾在公司总部任职的员工，此外还有两位从总部派来的精通市场开发和系统分析，并具有高度问题意识的员工。以这五人为核心成员的变革小组成立之后，他们将项目命名为"客户加倍计划"。这个项目名保证了任何人都可以清楚地明白小组的目标。

第三章　成功进行了销售典范转移的企业

把握现场的实际情况

项目组首先借助外部的力量对现状进行了了解。明星销售和一般销售之间到底有什么样的区别呢？访问客户的时候，都采用了哪些不同言行呢？每一步工作到底花费了多少时间呢？销售们也许并没有意识到：只要认真去考虑这些言行背后的前因后果，就能够得到答案。

由此可以显著地看出，在新客户的开发，老客户的维护，当客户想购买新车时给出的提案等三个大的方面，明星销售和一般销售之间的区别。

举例来说，明星销售在拜访客户做推销的时候，同时也会关注周围的其他人，会主动和他们打招呼，一旦判断为潜在客户，就一定会与他们交换手机号码，确保随时可以与他们进行联系。而一般的销售则只会去和那些好说话的客户联系，一般也只和与自己有直接业务往来的采购聊得火热。就算是潜在客户，往往也只知道公司和家里的固定电话。这些销售一般都会比较顾虑在工作时间以外和客户联系，更不用说问客户要私人的手机号码了。

093

BCG经营战略：成熟市场的销售变革

类似向客户要私人手机号码这样的事情，虽然都是很细小的事情，但是对工作效率的影响其实是非常大的。比如说如果只有家里的固定电话，如果需要联系客户的时候，打了几次电话都没有人接，唯一可以做的就是不停地打电话，这样的话就造成了很多无谓的时间浪费。而如果是打手机，基本就可以马上联系到，如果对方忙，也可以立即约其他的时间。实际上工作之外的联系也是很少的，偶尔在工作以外的时间接到对方的联络如果可以帮到对方的忙，那么也会成为与对方增进友谊的好机会。向客户要手机号码是之后为客户提供价值的起点，从结果来看，也是个人业绩增长的起点。

如何与自己所负责的客户往来，明星销售和一般销售的区别也是非常明显的。最明显的就是在汽车维护增值服务推销和汽车发动机用油推荐这个过程中，购买了维护增值服务的客户，一般来说每半年都会到店里进行一次维护保养，由此增加了销售点与客户的接触机会。而客户如果购买了发动机用油，每次用剩下的油，也可以存在店里，这样也能够增加与客户接触的机会。

就是这些简单的事情，可以让客户持续到店里来，与客户产生长久的关系，这样产生"忠诚用户"的比例就会变高，明星

第三章 成功进行了销售典范转移的企业

销售一般都是直观地感受到了这一点，才会向客户做出这样的推荐。同时一般销售对这些增值服务的销售就不是很热心。但是数据分析也告诉我们，加入了增值服务的客户更换新车的比例比没有加入增值服务的客户还要高，平均下来这些客户贡献的年销售额是其他客户的两倍还多，而且这些客户的店铺忠诚度也更高。

另外，明星销售在闲谈之中就可以了解到客户的爱好、家庭成员、买车的目的，然后综合考虑客户的生活习惯，向客户介绍能够真正为客户增加便利解除担忧的各种服务，即便是被客户拒绝，也可以充满自信地再次介绍。举例来说，如果有客户来做汽车的保养，在基于对客户充分了解的基础上，就可以向客户提供要购买新车需要多少钱，可以用旧车来抵扣多少等的详细方案。

相反，那些业绩一般的销售会比较担心被客户说，"你们不过是想把最贵的东西卖给我而已"，因此都不敢做增值服务的推销。尤其是当客户更换新车的时候，担心会被客户给予不好的印象和评价，就更加不敢去勇敢地推销增值服务。

同样用数据说话，并没有任何证据表明客户更换新车时会降

BCG经营战略：成熟市场的销售变革

低满意度，而长期保有车辆也不代表着客户具有较高的满意度。反倒是要考虑客户的车贷，在客户签约车贷不会影响到平时生活的情况下，积极地向客户推荐替换新车，此刻向客户推荐"新车生活"，方案不仅会帮助提高销售额，也会提高客户的满意度。

假设明星一年可卖一百台车，而一般的销售可能连十分之一都卖不出去，这其中一个原因就是对客户满足度的理解差异。

设定"型"

对销售行动和时间的使用从多方面进行了比较，从而发现了明星销售的销售秘诀。对于项目组的人员来说，挑战在于如何运用现场OJT，让这些充满个性的销售技巧，成为组织的知识与经验。即便明星销售的手法非常地明显，但是让一般销售来学习，也不一定就可以照葫芦画瓢做得好。而且如果要一般的销售完完全全地去模仿那些明星销售也是很难做到的，所以说首先是要把最重要的点给挖掘出来，然后从实践这些重要的点开始。这不是说只是对现场指指点点让销售们想办法，而是说更要改变总公司"OJT只是现场的事情"的这种过时的观念。之所以这么讲，是因为总公司也需要完成竞争对手分析、其他优秀销售商调查等重要任务。

第三章　成功进行了销售典范转移的企业

比如说，总公司通过调查得知其他地区有一家销售商B公司，他们的销售每天都会给店长打电话汇报工作，让店长及时地了解现场的情况，确认KPI的进展。这不光是监督销售的行动，更是为了确保在销售会议上各个店长可以向总部反馈真实的情况。

地区的OJT做得不好，那么就是该区域负责人的问题，如果置之不理，那么就是总公司管理层的问题。当管理层意识到这样一点时，他们开始变得重视起来。要让现场贯彻OJT，也需要重新定义管理层的职能，当务之急就是建立起支持销售现场工作的体系来。

①明确目标。为了完成这一课题，项目组首先与公司管理层一起进行了多次意见的交流与讨论，明确了公司未来的发展方向，制定了"让客户认定'非A公司不可'以及增加备用车辆"的目标，并以图表的形式将公司目标绘制了出来（图表4）。这个不是用点或者面去理解，而要用线型的思维，从客户那里获得"购买服务—更换新车"这样一个良好的循环，向客户提供最好的服务。重要的是对客户的了解，对客户生活方式的把握，在最为适合的时刻向客户提出最佳的情报，获得客户的信任，加强个

人之间的联系。

图表4 向客户持续提供最佳的汽车生活（例）

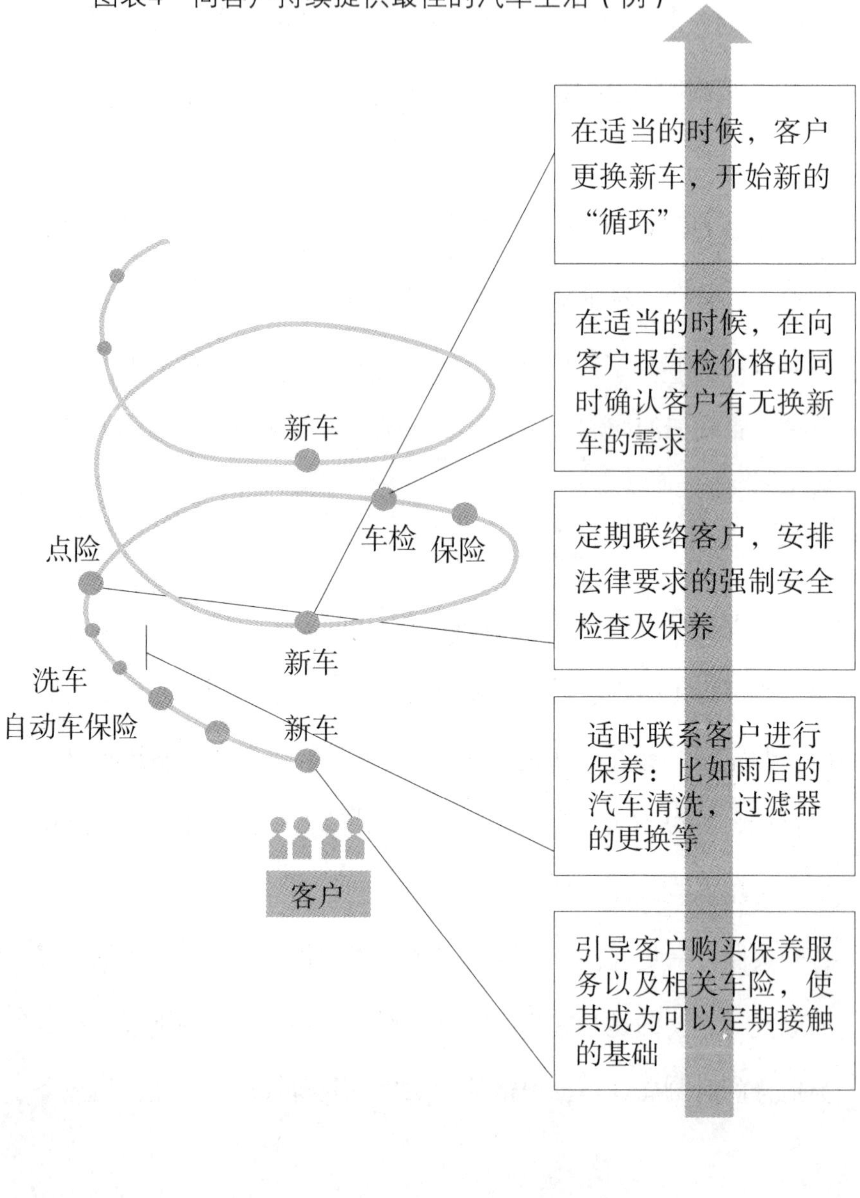

- 在适当的时候，客户更换新车，开始新的"循环"
- 在适当的时候，在向客户报车检价格的同时确认客户有无换新车的需求
- 定期联络客户，安排法律要求的强制安全检查及保养
- 适时联系客户进行保养：比如雨后的汽车清洗，过滤器的更换等
- 引导客户购买保养服务以及相关车险，使其成为可以定期接触的基础

（图中标注：新车、车检、保险、点险、新车、洗车、自动车保险、新车、客户）

第三章　成功进行了销售典范转移的企业

②选定目标客户。为了实现这个目标，应该在什么时候完成什么事情呢？对客户来说重要的时间点是在哪里？如果能够在最佳时间段做出适宜的行动，那么效果绝对是事半功倍的。项目组为了可以做出准确的预测，重新定义了客户的概念。通过项目组的努力，确立了三种目标客户。

我第一种目标客户：来进行定期车检的客户。向买入新车三至五年后来做车检的客户呈上"汽车生活"提案是绝好的时机。如果能够很好地利用这个机会，就可以给客户留下"买车就要到这家店"的印象，可以达到与客户频繁接触的效果。

第二种目标客户：已经有连续十八个月没有接触过的客户，如果长期不能与客户取得联络，那么就会与客户产生一定的隔阂，之后的交流就会变得困难，就有可能被其他的销售商抢走客户。

第三种目标客户：新到店看车的客户。从长期来看，如果要增加销量，就必须稳固客户基础。所以必须认真对待每一位来店看车的新客户。

③定义总公司与现场的活动。接下来项目组就针对目标客户，销售，店长，副店长，区域经理，销售部长，总公司支援部门分别应该采用什么的活动做出了规定。

首先，针对来车检的客户，各个店铺的店长、副店长、销售要研究现有客户，明确客户现在的状态，就像明星销售一样事先准备好有针对性的提案，等待客户前来车检。为了能够对这些实践给予支持，每天要进行两次的OJT。早上的OJT主要研讨如何接待客户，晚上的OJT主要对一天工作做出总结，并考虑之后的改善对策。

其次，针对连续十八个月没有接触过的客户，需要通过公司的市场部门取得联系，通过邀请参加活动等方式，与客户进行交流，确保客户不流失。

最后，对于新到店看车的客户，由店铺确认客户的各类信息，进行客户到店与离店后的OJT。

第三章　成功进行了销售典范转移的企业

另外，作为公司对店铺的支援行为，区域经理需要每日与负责的店铺进行联络，每周要去店铺视察，把握需要解决的课题。这些信息必须在客户倍增会议上共享出来，由区域经理向总经理、销售部长提出该如何帮助各个店铺推进变革的建议，并且在会议上要在全公司的层面上对课题解决方案进行讨论，做到全公司同心协力。

决定了行动方案之后，为了可以贯彻执行，规定了每天、每周、每月、每期的KPI，以此进行监督。举例来说，店铺的KPI包括每天早晚的OJT的实施次数，车检车辆替换的准备次数、实施次数，新到店来访客户数量等。先把重要指标都定下来，大家就可以了解该怎么样可以提高销售量。每周的KPI，除去每天的指标合计，还包括车检预约率等活动结果以及新车订购台数等成果指标。每日的KPI是行动的指南，而每周每月则是对成果指标的确认。

实施小型验证

需要做的事情都已经明确了，接下来就是在实践中进行检验了。首先从两个店铺开始了小规模的验证。其中一家店铺是全国五十家店铺中陷入困境排名最后的。

小规模验证的第一周的结果有些出乎大家的意料。这些店铺本来就没有OJT的习惯，员工们也相对繁忙不愿意参加，副店长没有能够将要求执行下去。另外因为都没有做任何准备，所以就算召开OJT的会议，也没有什么内容可以讲。

项目组立即着手开始修正。比如明确需要准备的资料，然后再召集员工进行OJT的活动，让员工们在白板上将自己的日程都清楚地记载下来，这样就可以合理地安排时间进行培训活动。

起初项目组准备了《这个时间点推荐这一项服务》这样的作业手册，目的是让所有人都可以用一种相对机械化的方式来做出成果。但是这样的话，就必须和每一个客户见面，不然就无法得到公司领导的首肯。因此，在手册中又补充规定了事先必须准备一定的资料。至于现场具体的作业方法，给予了一线人员一定的灵活度。

现场员工认识到让客户满意与从客户视角出发看待问题的重要性，对公司所追求的目标也有了认同感。每个销售不甘人

第三章　成功进行了销售典范转移的企业

后，这种意识是非常重要的，但如果知识的准备不够充足，即便理解了事情的重要性，也往往是力不从心，不能与客户达成非常好的沟通。为了可以帮助销售们越过这个难关，在做OJT时候，会详细地就"应该怎么样和客户打招呼"等情况做一些模拟训练，还比如向销售提出"在这种情况下，与客户进行这种沟通会不会更好一些""推荐这一种服务会不会更适合"，等等的建议。

原本预定OJT是由副店长向大家讲授，但是随着员工数量的增加，在小规模验证时候发现，副店长一个人来做的话就忙不过来了。于是修改为由店长和副店长两人一起来做OJT。然后有些店长或者副店长尽管做统计的工作很擅长，但都没有什么真正的销售经验，所以做OJT时，也感到举步维艰，不能按照计划完成OJT的次数。出于无奈，区域经理和总经理都亲自来到店铺，对店长和副店长们进行指导，消除他们心中的不安，要求他们勇敢地去尝试。

区域经理会专注其辖区内的一两家店铺，每天与店长进行联络，即便如此，也需要进行意识变革。首先就"每天到底要和店

103

BCG经营战略：成熟市场的销售变革

长沟通哪些内容"这一点，也需要深思熟虑才可以，不能止步于一些日常的问答，还要就OJT的进展情况、员工的情况、现场的情况进行确认，并且要再三确认信息传达中不会出现误解，将变革实实在在地推进下去。

当区域经理也深入现场之后，情况开始有了好转。其中一家一直被视作拖后腿的店铺，居然在小规模验证期间创造了20%的销售额增幅，一口气从最底层冲进了前十名。

通过OJT的活动，员工得以和店长、副店长一起，对如何对待客户进行了深入地讨论。店员们都切实感受到了自己做出的成果，比如有些人就说道："通过OJT，大家开始勇敢地推销起了增值服务，现在算上增值服务，每辆车的单价都有所上升了。"

小规模验证活动结束后，一位副店长感慨道："最初是不抱着怀疑的态度的，想到平白多了很多工作，心里还有一些不平衡，但是坚持下来是正确的。现在我和员工走得更近了，能够理解他们的想法了。对我来说，这已经是很大的成功了。"

第三章　成功进行了销售典范转移的企业

今后的课题

在小规模验证中得到了一定的成果，项目组计划将这些变革推广到所有的店铺，并且让这些习惯扎根在各个店铺中，但他们又遇到了新的困难。

在小规模的验证中也已经显现出了这个问题。在小规模验证过程中，相比于店长和副店长，区域经理起到了举足轻重的作用。是区域经理帮助店长和副店长逾越了对OJT理解不深，执行不力的难关，在区域经理的努力推动下，OJT得以顺利地进展下去。得益于区域经理深刻理解了变革行动对店铺业绩、顾客满意度、客户维护等有着紧密联系这一层关系，区域经理将协助各个店铺作为自己的义务，发挥了其领导作用。这一点必须在之后的推广中作为硬性要求固定下来。这一类的变革中，必须让每一个步骤都稳定地运转起来，只要有一个环节出问题，整个项目就会付诸东流。由此区域经理的意识水平成为了向全国各个店铺推广的关键。

项目成员也感受到"第一步已经成功地迈出去了"，同时都决心"坚持不懈,不言放弃"。这些充满坚定信念的勇敢挑战者们将会是公司推进变革的中坚力量。

第四章
用科学的眼光看待问题

在第三章中我们介绍了四家公司变革成功的例子。这些企业变革的共同点在于本章中将要提到的销售TQM这一理念。这一理念不局限于前面事例中介绍的行业，而是通用于各个行业的销售组织中。我们认为这一理念也是第二章中我们所提到的日本企业所面临的种种问题的一个解答。

在本章中，我们将介绍销售TQM的基本理念，以及实践这一理念所需要的建立起来的管理体制。本章重点在于介绍实践销售TQM所必须的，同时也是日本企业的销售组织所欠缺的"科学的眼光"。

第四章　用科学的眼光看待问题

■ **构建组织的"型"**

在市场成熟的今天，竞争日趋激烈，已经无法做到仅仅依靠一部分优秀的销售人员，维持销售的生产性了。想要在竞争中生存下来，就必须建立起全部员工都拥有一定的销售能力的组织来。为了实现这样的目标，一个有效的办法是向日本的工厂学习，将工厂里传统的TQM引入到销售中来，在科学的数据分析的基础上，持续提高销售生产效率。

TQM是指在QC循环中通过小集团的活动来稳定提高全公司的产品品质。之前也曾经被称作TQC，这些年在包含品质以外，还包含了服务和管理等方面的质量要求，因此开始被称作TQM。

TQM始于1960年，日本制造业得以蓬勃发展，TQM可以说功不可没。也要归功于日本战败后，美国品质管理学家爱德华兹·戴明博士在访日期间向日本生产现场推广运用质管理统计学的手法。

BCG经营战略：成熟市场的销售变革

从那时候开始，日本的企业就在遵照戴明博士的教导，努力在生产现场彻底排除品质和生产性中的不稳定性。日本产品由此获得了世界领先的品质，并且具备了相当的价格优势，出口能力大幅提高。毫不夸张地说，作为资源小国，日本在很短的时间内一跃成为世界第二的经济体，TQM功不可没。

我们认为将TQM的想法复制到销售现场中，打破销售组织所特有的保守性，可以作为意识变革和体制变革的突破口。销售TQM就是要建立起销售的"型"，创立起规律来。

销售TQM中有三个因素非常重要。第一：定义新环境，也就是销售现场下的销售价值，设定完成KPI。第二：制定具体的战略，设定行动KPI。第三：整顿管理体制，使得行动可以被习惯化。

完成这些以后需要再进行PDCA循环的验证，进一步得到改善，形成无法被其他公司所模仿，具有公司特色的组织化了的销售能力。（图5、图6）

第四章　用科学的眼光看待问题

图5　销售TQM的概况

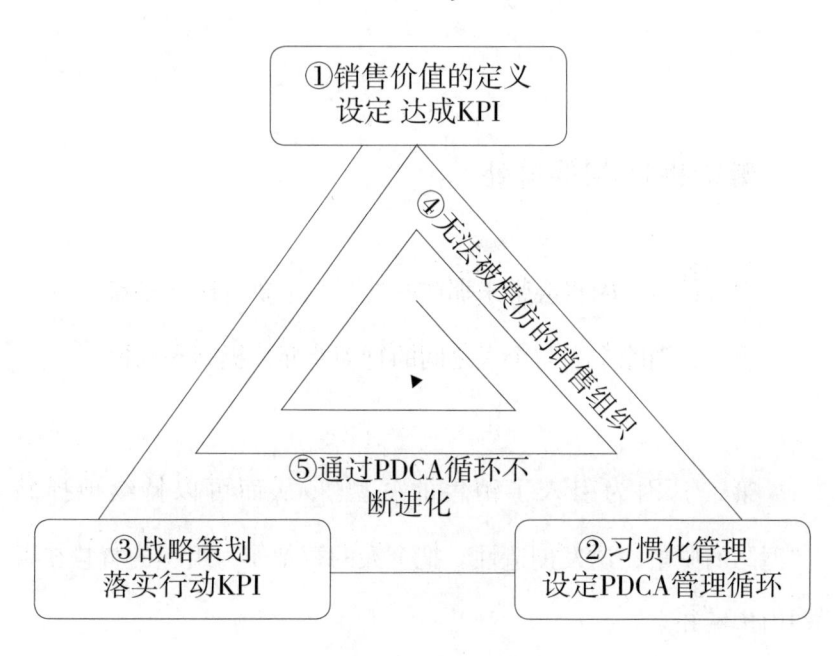

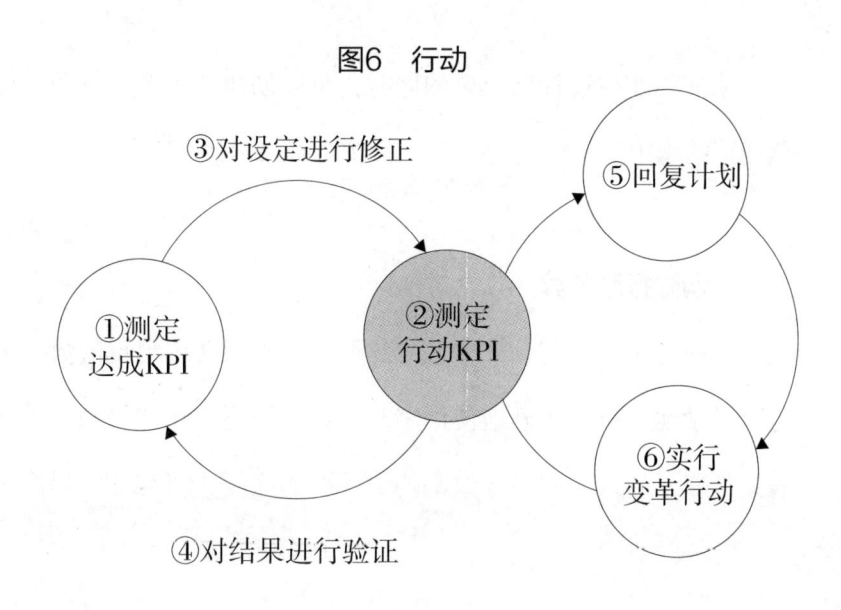

①销售价值的定义
设定 达成KPI

④无法被模仿的销售组织

⑤通过PDCA循环不断进化

③战略策划
落实行动KPI

②习惯化管理
设定PDCA管理循环

图6　行动

③对设定进行修正

⑤回复计划

①测定
达成KPI

②测定
行动KPI

⑥实行
变革行动

④对结果进行验证

111

■销售TQM的益处

引入销售TQM将会带来那些好处呢？主要有以下三点。

第一，消除个人与个人之间的行动差异，提高平均值。

第二，因为引入了销售的"型"，从而可以持续地提高"型"的质量，诱发创造性。把个人的智慧作为组织的智慧在组织内传播开来。

第三，在持续提高成果的同时，可以创建"思考、行动、持续变革的组织"。

①消除行动差异

寻找每个人的行动产生差异的原因，必须使用定量的数据来进行科学地分析。正确地使用客观的数据来将表现和行动的差异表达出来，确认哪些是导致平均值下降的原因，研究如何提高全体员工的平均值。

换个说法，那些最优秀销售的做法，不管怎么学都不能够真正提高公司整体的效率。所以我们要做的是给会产生差异的现场动一次手术，目的是达到每一个人都可以通过固定的手法来落实行动，从而实现整体提高。

关于差异的问题，我们将在《科学的眼光》这一节中详细描述。

②销售TQM的创意

关于第二条，因为引入了销售的"型"，从而可以持续地提高"型"的质量，诱发创造性。估计很多人会觉得意外。美国的技术工作者，弗雷德里克·温斯洛·泰勒提出科学管理方法、作业标准化、手册管理等管理学概念之后，发展出来的TQM，不管怎么听似乎都和创造性无缘。何况要创立谁都可以做到的执行的行动模式，就更像否定创造性了。

因此，很多销售及销售组织在起初是非常反感这种科学管理方式的。销售们会更加喜欢自由，不想被制度所束缚，他们会抱怨说只要最后可以把账本给你对好不就可以了吗？但这只能说是一面之词，尤妮佳宠物用品的二神社长曾这样说过，"刚开始确实都以为就和（金太狼点心）机器人一样，要完完全全地统一动作，但实际上还是有区别的。尽管我们规定了要去拜访的客户，还规定了拜访的次数，但是必须要考虑如何进行成功的拜访，在客户现场都要说一些什么，方方面面要考虑的东西很多。大家考虑的方式会有不同，真正相同的是都在为拜访成功而进行的这一份努力。"

实际上，为了创建并且提高销售的"型"，必须要下功夫，有新的创意。当然，我追求的并不是将创立起来的"型"给破坏掉，而是在"型"的基础上做一些"别人没有在做的事情""用一些有趣的方式去做"，等等独特的、充满感性的事情。

销售TQM中创意的本质，在于深挖问题点，提升现有的销售模式。利用科学的眼光去捕捉事实的真相，激发员工的洞察力，提出有理有据的假说。

第四章　用科学的眼光看待问题

③ 思考、行动、持续变革的销售组织

第三个好处在制造业中有大量的实例，所以相对来说就比较好理解。在制造现场，使用TQM来实现品质的持续性改善，使用QC循环等方式使得现场的每个人可以献计献策，然后可以让现场自己逐步得到进步。不仅仅在日本企业，诸如GE（通用电气）等公司也通过集会讨论等形式展开业务改善，其实质也都是通过讨论，试图一步步脚踏实地地进行改善。

销售TQM也是同样的组合方式，为了提高每天的销售活动的质量，共同出谋划策，就如何说服客户，如何将优秀销售的经验传递给其他人等等内容进行探讨。一边使用数据来进行验证，一边在得到有效反馈的基础之上进行变革，然后将其在管理循环中进行不断的改善，从而实现"不停思考的销售组织"。

这和茶道、禅还有剑道中常常讲到的"守破离"也是相通的。"守"是说由始至终遵守"型"的规定。"破"是说要完全领会"型"的内涵，从而打破"型"的约束。"离"是说要创造出属于自己的境界。销售TQM也是同样的，起初是要"守"，但是并不

115

是一直要死守下去，是要以"破"和"离"为目的，将"型"进化，最终发展成具有独特优势的销售组织。

实行固然很重要，但是必须是公司全员在了解公司战略基础上，向着同一个目标，脚踏实地一步一个脚印地进行，而不是依靠个人能力的表演。在这个过程中将学习到的新知识，发现的改善点增加到公司的销售模式之中，从而将作为公司销售组织的"型"进一步予以提升。如此循环，不仅是销售活动，整个销售组织也将成为推动公司商品及服务价值最大化的巨大动力，成为公司长久保持竞争优势的源泉。

■重新定义管理

要推进销售TQM，一个先决条件是对现存的销售管理进行大幅度的变革。要改变一直以来依靠个人能力的做法，一直以来，这种做法都错误地以为只要从下往上，让全体销售进行持续的改善，积蓄公司的知识和智慧，然后一下子就推进到战略的层面，而这是不现实的。

第四章　用科学的眼光看待问题

此外一直以来的管理方式中所强调的"对独立自主的尊重"，听起来是不错，但是实际上就是对管理权的放弃，同时会增加员工自作主张任意行事的危险。实际上，放任自由就导致组织失去规定的平衡性，很多企业都掉进了以增加员工自豪感为名的陷阱之中，导致放任主义泛滥。领导任由销售独断专行，只当和事佬，不与部下发生冲突，安然自得地躲在安乐窝里。

要管好人，管理者就必须意识到，一定的严格是必要的，不可能在你好我好大家好的氛围中进行管理。有些管理者只会愤慨："现在的年轻人都太娇气了。"同时又怀念"当年我们做事的时候……"，这些根本解决不了问题。好汉不提当年勇，非要讲也要考虑考虑当时的环境，这些话根本不可能帮助员工提升做事的热情，过去的方法也不再适应现在的市场环境。

成熟市场中，想通过开发新的客户，开发新的市场区域来增加销售是非常困难的。而且现在培养新员工，也不像以前可以在工作中进行训练，积攒经验；做得久了就习惯了的方式已经落伍了。但如果想不出办法来，那么新员工的能力就得不到提高，人

BCG经营战略：成熟市场的销售变革

才培养就沦为空谈。

有一家房屋销售公司，以前在公司年纪在销售人员平均年龄左右的销售人员每年差不多都可以卖五套到十套房子。但是现在能卖一两套就算不错了，很多销售人员一年都没有开张过。

尤其是年轻的销售，很多都是一点儿销售业绩都没有。为什么会这样呢？以前从最初开始接触客户，然后与客户持续沟通，到最终与客户签约，在整个过程中，能知道"原来应该这样做"，"这里是重点啊"，一点一点地得以学习，知识和经验积累了下来。但是现在，公司本来就没有多少业务，能够与客户接触的机会少之又少，不要说自发地去做一些有创意的想法，甚至一些基础的经验都无从获得。

这家公司为了让年轻的员工们能够遵守"型"的约束，开始了技巧学习的测试。将销售从最初接触到合同签订的过程分为了几个步骤，然后让销售只负责其中某一步流程，通过对某一步流程的反复训练，培养经验和现场感觉。换言之，就是建立起"守破离"中的"守"的模式，并将其彻彻底底地贯彻下去。

第四章 用科学的眼光看待问题

随着工作的步骤被细分,销售经理也可以给出更加明确而具体的建议。作为经理,必须了解到现在哪些人在工作中出现了问题,为什么会出现这样的问题,心里面必须预备有几种适当的对策。准备得越充分,有问题时候就越可以有效地进行指导。

"业绩不好的同事都存在这样的问题""一起去现场看看然后再进行讨论",如果经理层也可以经常碰碰头交换一下意见就更好不过了。这就和制造现场的QC循环一样,所有人可以将同样的事情贯彻下去,追求更上一层楼的效果。

引入TQM,是希望能够对销售的理解(ready)、意愿(willing)、能力(able)产生彻底的变革,追求通过管理循环、训练,将变革成为习惯。重新定义销售组合管理的作用,提高管理人员的管理能力是变革的支柱,是组织"型"的形成与进化不可或缺的步骤。

BCG经营战略：成熟市场的销售变革

■获得科学的眼光

本书中一直在强调的一点在于引入销售TQM时，一个很重要的特点就是定量分析和基于客观事实，运用"科学的眼光"来看待问题。这是一直以来销售现场所欠缺的东西。举例来说，当我们在对企业客户进行管理咨询的时候，为了充分了解现场的情况，首先都会向客户询问以下的问题：

"贵司是否清楚刨除所有的成本之后，每一家的客户的利润率有多少？"

"贵司在每家客户处占有多少份额，每家竞争对手又分别占有多少份额？"

"是否清楚如果增加促销费用，或者降低销售价格，可以增加多少利润？"

上述问题，大部分的销售都答不出来，就算知道个大概，

第四章　用科学的眼光看待问题

具体到每家客户就一脸茫然了。向销售们询问为什么会这样的时候，一般都会得到这样的回答："每个客户都不一样，针对不同的客户进行如此细致的管理是不现实的，而且也是没有意义的。"但是仔细认真地分析之后会发现一些意想不到的事实，以此为突破口，变革得以开始。在科学分析的依据之上对这些课题进行重新定义和思考对策，获得公司干部及员工的认可，让他们确信变革的必要性，原本困难的变革都会逐渐变得容易起来。

2008年的奥运会上，100米蛙泳项目，日本选手北岛康介完成了他的两连胜。同时也创造了新的世界记录。当时有一件事情在报道后传得沸沸扬扬，半决赛时，北岛前五十米的划水次数只有19次，决赛时前五十米的划水次数更是减到16次。

一般来说，比赛的时候都是争分夺秒，都要不停地加速前进。然而减少划水次数，增加划水距离，一般我们都以为会降低划水速度。但是北岛康介的教练平井伯昌先生却偏偏要求北岛减少划水次数，坚信教练指导的北岛康介按照教练的指示努力训练，最终取得了优异的成绩。

BCG经营战略：成熟市场的销售变革

教练给出的指示似乎有些违背常理，但事实上是有着科学根据的。为了能够科学地进行训练，平井教练将选手游泳的录像反复观看，进行了彻底的分析。当教练观看200米游泳录像的时候，对游泳速度各种因素进行了分析。蛙泳入水的时候，人就会遇到来自水的阻力。减少次数相当于减少阻力，从而可以提高泳速，效果更加明显。但是作为大前提就是要姿势规范，减少无用的动作，而这也只能是北岛这样的顶级选手才能完成的。没有经过专业训练的一般选手减少次数，并不能够增加游泳速度。

举这个例子是想说明：直觉很多时候和现实是反的。选手可以勇敢地选择那些看起来违背常理的事情，是因为有科学的证据在支撑。在体育界，在商界，这都是通用的真理。有科学的依据，有可以信赖的教练，那么现场就可以获得最佳的成绩。

那些认为销售现场和这些科学理论无缘的话都是错误的。对科学理论越了解，就越会帮助你使用"科学的眼光"来审视问题，建立起竞争的优势来。能够更加容易去发现那些被忽视的真相，发现那些不易察觉的问题，找出合适的解决对策，迈出走向成功的步子。

第四章　用科学的眼光看待问题

销售现场的阴云

在销售现场，我们进行定量分析的时候也意识到了一件事情，那就是无秩序无规则的销售现场弥漫着一股不散的阴云。

举例来说，一般我们都会认为销售的能力和销售的经验是关联的。年纪越大的销售，其经验应该越丰富，然后其能力就越强，从而会有更好的业绩。

再比如，我们会认为如果某些客户预计有大的订单，那么销售会更加积极地去拜访客户，由此按理来说，拜访次数越多的客户，是订单越大的客户。

然而，我们分析的数据结果却告诉我们这些猜测都是不准确的。数据显示完全是随机的，没有规律的。从分析得出的图示来看，这些散点就和一层云一样，我将其命名为"销售阴云"。这种阴云是不分行业的，大多数的企业上空似乎都有这么一层飘荡着的阴云。

图表7是化学公司V公司按客户类别的销售额与折扣率的关系图。

123

按理来说，交易额越大，折扣率越高。所以按说在图表右上方如果有散点比较集中是可以理解的，但是事实上，可以从图中看出，几乎是没有什么明显的规律，有些销售额很低的客户也在享受很高的折扣率，而有些销售额很高的客户的折扣率却很低。

如此这般折扣率的分布不均匀，说明了公司对销售没有什么约束，公司内没有折扣率相关的规定，即便有也是流于形式。销售组织缺乏规章制度，销售活动没有任何管理。

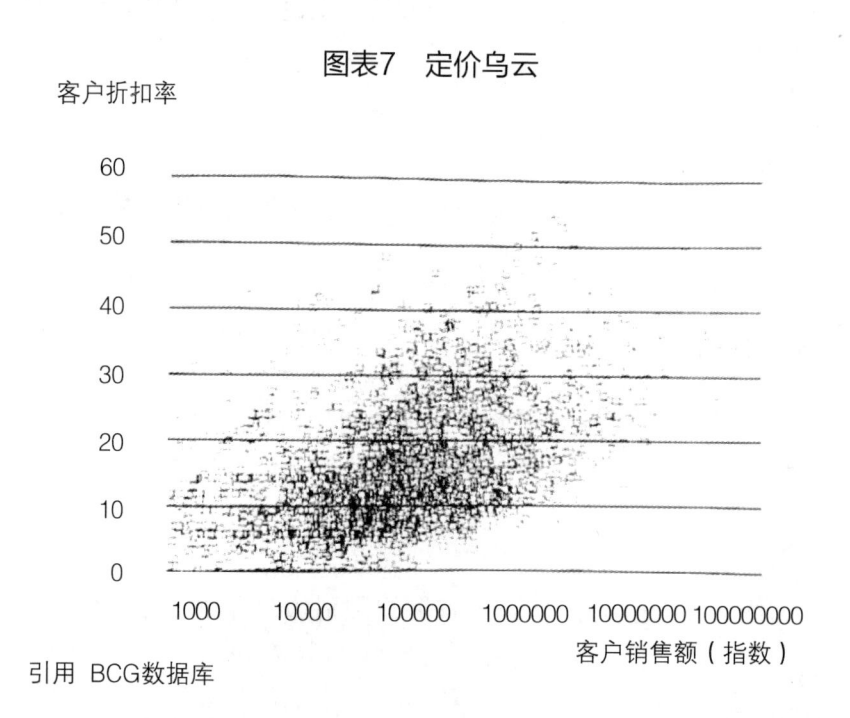

图表7　定价乌云

引用 BCG数据库

第四章　用科学的眼光看待问题

同样我们对制造型企业Z公司进行了价格滑坡的原因分析。对销售额与销售价格的关系一件件做了对比，然后也得出了同样的结果，图表显示一片"阴云"。

交易金额越大，给予的折扣越多，然后价格越低，这本是我以为的常识，然而事实却是这两者之间没有明显的关系。感到不可思议的我们又对在客户处所占份额比和价格进行了比较，结果依然显示没有明显的关系。我们搞不清楚销售到底是基于什么样的判断定下这些价格的，唯有感慨这些价格定得真是乱七八糟。

第一章中我们就谈到过，很多销售以为和客户谈价格是体现销售能力的地方。有的时候，客户并没有要求降价，销售也会主动给客户降价。本来可以高价卖的，偏偏要降价下去，销售将其习以为常。

如果销售的领导能够和销售一起去客户那里，马上就可以认识到这些问题。但是销售们只要说一句，"这家客户比较特殊"，然后就可用各式各样的理由敷衍过去，而领导们也是视而不见，没有把这些事情当一回事看待。但当看到这些定量分析的数据的

BCG经营战略：成熟市场的销售变革

报告，领导层受到了巨大的震惊——就在不知不觉之间，事态已经发展到如此严重的地步了。

我们再以V公司为例，我们调查将V公司客户按照规格大小进行了研究，大客户往往是定制的产品，所以竞争其实不算很激烈。只是每年会在产品型号发生变化时候对价格重新进行商定。而小客户一般都是采购一些通用型的产品，因此竞争是非常激烈的。每一次订单都要围绕价格进行各种谈判。统计了一下一年内和小客户的价格谈判合计有六百次之多。所以说价格问题主要是在小客户这里。公司意识到这一点之后，进行了如下销售变革，首先是对客户进行分级，然后对不同级别的客户定下不同的价格标准，接着所有的价格申请都必须通过文书处理得到上级批准。

可以停止强行推销吗

如果说有一件事情，大家都承认是不对的，但就是停不下来，那就非强行推销莫属了。

食品制造商G公司，每个月销售额中有三四成都是在月末最后三天完成的，这三四成当中又有八九成是由各个分店完成的。

第四章　用科学的眼光看待问题

G公司是业界龙头企业,有很多多年合作的经销商,经销商的仓库已经被塞满了,都难以再接受G公司强行推销过来的产品,迫于无奈,G公司自己以销售仓库的名义租用仓库,然后将产品塞进仓库,最后将这些塞进仓库的产品计入销售额。

因为经常这么向经销商强行推销东西,所以也不得不给经销商一些特殊的优惠,即便如此,经销商也是怨声载道,为了平息经销商的不满,结果所有产品都是以特殊优惠的形式给到经销商。由此一来,G公司的产品价格就在不断的下跌,同时经销商将G公司硬塞过来的产品卖到其他区域,然后导致其他区域的产品价格也开始下降。本来是在东京销售的产品,结果发现在四国以极其低廉的价格在抛售。

这不是什么好事情。公司下一张禁止强行推销的命令是很简单的,所有人也都会同意这是正确的决定。但是只要有这样的提案出来,那么现场就一定会出现反对的声音,"销售额下降怎么办,这个风险谁来担"。换句话说,问题就在于这个风险,改变多年以来的习惯,是需要相当的勇气的。

BCG经营战略：成熟市场的销售变革

对于G公司来说，需要一个理由来停止强行推销。于是他们做了停止强行推销后的销售额模拟分析。模拟分析的结果是第一个月销售额会下降到七成，但是三个月之后大致可以恢复到九成。这样做了之后，整体来看公司的销售额会下降大约3%，但令人惊奇的是销售利润最终会增长7%。领导层及相关部门的成员就这个分析又进行了大量的探讨，最终决定冒着连续三个月销售额下降的风险，发布了停止强行推销的命令。

有些事情似乎是不符合经验的，不符合直觉的。但是不明确问题所在，就无法去解决问题。使用科学的方式方法，客观地对现象进行定量的分析，将一直以来忽视掉的问题暴露在聚光镜下，才有可能找出实质性的解决方案。只有直面问题，才有可能采取正确的行动。

挑战"挨家挨户销售"的圭臬

接下来，让我们用数据来说话，挑战一下我们多年以来奉为圭臬的一个信条。

X公司是一家证券企业，由于受到金融产品交易法令的限

第四章 用科学的眼光看待问题

制，必须改变一直以来的客户开发方式。一直以来，为了开发客户，销售们经常使用传单的方式来进行客户开发，也就是在各类产品介绍的小册子里钉上自己的名片，然后按照潜在客户清单一家一家地去投递，另外就是一家一家地进行电话推销。这些都被统称为"挨家挨户销售"。在证券业这是典型的销售方式。

销售每天要花费大量的时间去进行"挨家挨户销售"，尤其是对刚入行的新人来说"这是必须学会的基础"。但是实际上通过这种"挨家挨户销售"得到的客户是少之又少。

估计读者中很多是很厌烦这一类销售的。企业其实也明白这样做会招致客户的反感，对自身品牌也不见得是好事情。刚刚入行的销售天天看客户各种脸色，估计也很难培养出职业自豪感，也不见得就可以做出成绩来。

由此X公司决定将"挨家挨户销售"作为一个课题，直面这一问题，开始了认真的研究与探索。公司里的中高层干部大都是当年经历过"挨家挨户销售"这个阶段的，他们坚信这是训练年轻销售的不二法则。"年轻人就该挨家挨户地去走一走，历练一番

BCG经营战略：成熟市场的销售变革

才可以成长为优秀的销售"，这些中高层嘴上这么说，心里也是对此坚信不疑。

废弃长期以来的方法，是不是合理的？如果要变该怎么办？有没有必要变？这些都是问题。

首先利用实际的数据对销售活动的现状进行了定量的分析，然后将得出的结论和公司干部进行了分享，由此让干部们理解了变革的必要性。

结论有些令人震惊，销售们进行"挨家挨户销售"所花费的时间是大量的，然后由此吸引来的客户居然不足0.5%。那么大多数的客户来自哪里呢，数据显示大部分客户来自于老客户的介绍以及各类讲座所吸引来的客户。更令人惊奇的是，这些客户大部分是由那些年轻的销售所带来的。领导们都变得瞠目结舌，"多少有一些这样的感觉，但没有和想象差距会这么大。"

接下来，公司又对销售的从业经验和销售的业绩进行了数据分析，又发现了新的突破口。当销售达到一定的销售经验年限

第四章　用科学的眼光看待问题

的时候，销售成功率会有一个质的飞跃，此外这种质的飞跃和销售的手法的转变有一定的联系。根据这一数据结果，公司开始了"对哪一种客户派哪个年龄段的销售去对接"等等课题的研究。

自此以后，X公司对公司年轻销售的时间分配做了很大的调整。从以前的"挨家挨户销售"调整为"介绍会""讲座"等等的方式。通过制定新的方针，运用新的方式开始了客户开发的新动作。此外，将这些经验推广到各个分店，在各个分店首先开展小规模验证，让那些资历尚浅的销售员们也可以很快地习得这些销售的技巧，依照制定好的行动步骤去和对应的客户联系，在工作中得到了能力的培养。

小规模验证的结果是有目共睹的，各个分店都实现了超过原定计划的销售额。在此基础上年轻销售们的自豪感也得以增强，客户反应也不同于以前了。销售们自己体会到自己的工作可以为客户带来价值，在为了客户而努力的信念驱动下，成绩也是越做越好。年轻人变得越来越有干劲，也是理所当然的事情。

找出最赚钱的商品

这里再向诸位读者介绍一个使用科学的方法，对销售现场、总公司企划部门和市场部门进行重新定义的事例。

D公司是一家日化品生产企业，通过调查发现所有商品中利润率最低的是销售量最大的产品。（图表8）由此看来，虽然公司里没有这样的规定，但是销售们都自以为是地以薄利多销的想法在进行销售。

第四章　用科学的眼光看待问题

图表8　低收益产品的两难选择

日化品生产企业D公司的产品构成及销售额比例图。

销售为了能够完成销售额任务，只将精力放在了那些容易销售出去的产品上面，导致那些有较高利润率的产品都没有能够在市场上推广开来。

有必要对利润率较高的产品重点进行推广。

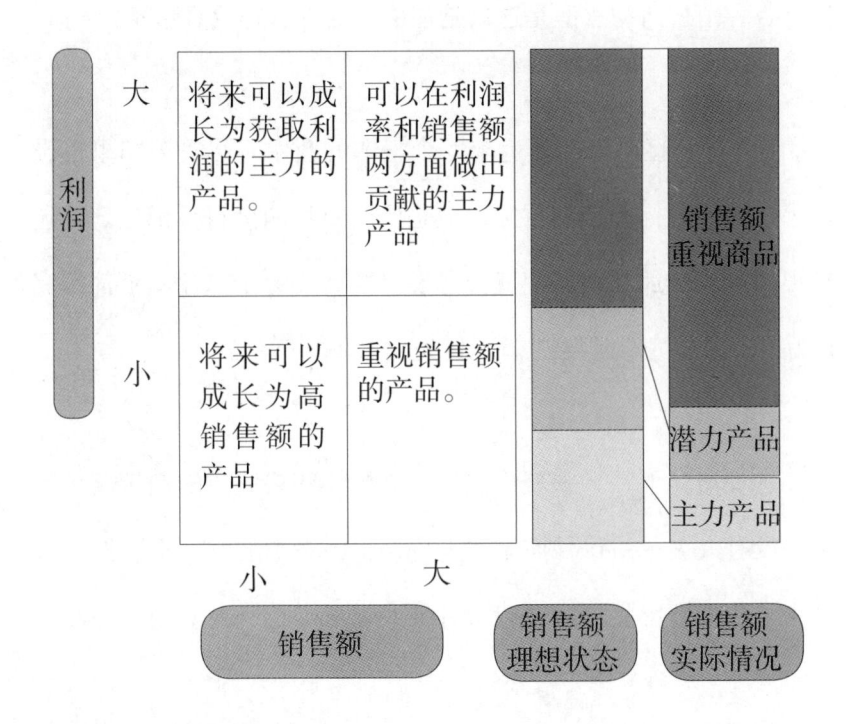

利润	大	将来可以成长为获取利润的主力的产品。	可以在利润率和销售额两方面做出贡献的主力产品
	小	将来可以成长为高销售额的产品	重视销售额的产品。
		小	大

销售额

销售额 重视商品

潜力产品

主力产品

销售额 理想状态　　销售额 实际情况

出处：BCG数据库

BCG经营战略：成熟市场的销售变革

　　这种情况不只是D公司，很多其他公司也差不多是一样的。从常识上来判断，应该是优先销售利润率高的产品，那为什么会变成现在这样呢？理由有二。

　　一是销售现场的问题，销售现场没有明确应该优先销售何种产品。按理来说，商品也分为销售额确保商品，利润确保商品，作为之后主力的新商品等。然后要根据各个商品的定位，对商品进行各种销售活动。但是这只是理论，很少有企业真正实行。

　　D公司一直以来都是追求一个整体的数字。尽管公司里也设定了销售额目标和利润目标，但是要同时将两个目标都达到，还是很困难的。那么销售们就会考虑只要完成一个总比一个都没完成好，一胜一负，领导也就不好说太多了。

　　这种情况下，大家就优先去完成更加容易完成的销售额目标了，没有人去关注每种商品的定位，不去考虑战略的重要性，只管为了达成销售额目标，把所有精力都集中在相对好销售的商品上面。

二是，企划部门和市场部门之间的沟通问题。市场部门通过研究分析，制定出"这个产品是用来提高销售额的""这款产品是确保销售利润的"等市场定位固然重要，但是制定出来之后这些信息是要和销售部门共享的，市场部门没有把这些信息准确地传达给销售企划部门，企划部门和销售现场就无从安排。这样的现象在各个公司也是不胜枚举。

在D公司，本来是要作为以后主力发展的产品一投入市场就被销售们用来确保销售额，各种廉价销售。一边是新产品企划部门的同事欲哭无泪，而另一边这样的销售方式，销售也是得不偿失。在认真反思之后，市场部门和销售企划部门就战略和整合性进行了重新调整。使用客观的数据进行原因分析，各个部门实现信息共享，明确责任和义务，实现市场与销售同步发展。

市场部门和销售部门之间还存在一种问题，就是信息过剩。第一章我们有提过这样的事情，销售会抱怨说："谁都记不住那么多的产品名称。"这不是一句玩笑话，不管总公司怎么样努力，做出了非常优秀的市场开发企划方案，如果不能得到销售现场的认同就形同一张白纸。向销售部门提供过多的信息，只能扰乱他

三个阶段，脚踏实地往前走

本章将解说在科学研究基础上公司内引入销售TQM，进行实践所需要关注的重点。使用销售TQM进行战略计划时需要注意的有三条。

第一条是在新环境下设定销售价值的标准（包括销售价值指标，完成KPI，目标等）。从第三章四个例子中可以看出设定价值标准是一件非常重要的事情。

作为销售组织，要改变一直以来和上一年做对比的内向型指标，转为与市场上的价值比较的外向型指标。从内向型思考转变为外向型思考。

第二条是为实现销售价值标准设定行动KPI与目标。从四家公司的例子来看，也都是要把一直以来要求销售额的方式转变为要求销售行动的方式。切实行动，贯彻下去，结果自然不会差。

第五章　让销售TQM成功的十个要点

换言之就是要从结果导向转为过程导向，数字管理转为行动管理，对管理对象作转换。

第三条要建立起对变革充满信心的体制。四家公司的例子都是在将一直以来强调独创性和独特性的管理模式，转变为讲求规则规律的管理模式，重新定义经理的职能。

以往都是以人为本，销售自由发挥。但是现在要确立起按照规章制度行事的管理。该做的事情一定要在规定的时间内做完，为了将这一方针贯彻下去，就一定要充分发挥经理的指导作用。

在这三条的基础上，我们进行细化之后，又可以总结出成功引入销售TQM所必须的十点内容。如图表9所示。可以讲这十条是销售TQM构建实施的关键所在，接下来，我们将逐条进行分析说明。

图表9

第一条	设定销售价值的标准
1	向内的力学变成向外的价值
	以顾客导向为目标,确保良性循环
2	通过事实证明来推动变革
	深挖数据,认真分析,探究销售价值的本质
3	衡量销售的存在价值
	设定可以给组织带来思想转化和规则规律的KPI
第二条	**设定行动KPI**
4	从"结果,数字管理"到"行动,过程管理"
	改变行动,就可以改变结果
5	正确的行动指南=设定行动KPI
	找出与销售价值标准相关的行动KPI
6	行动KPI必须实用①
	回顾昨天,展望明天的标准
7	行动KPI必须实用②
	追求化繁为简
第三条	**引入习惯化管理**
8	进行以周为单位的管理循环
	即时回顾,立即改正

9	使用仪表盘，实现可视化	
	使用可以对下周工作一目了然的工具	
10	再造现场经理	
	严守不偏不倚的行动方向	

■第一条 设定销售价值的标准

1. 向内的力学变成向外的价值
——以顾客导向为目标，确保良性循环

销售TQM首先要制定必须完成的KPI，包括销售组织必须要有的员工自豪感，体现销售员存在价值的销售价值标准。但最重要的是设立目标。目标的设立不能只是空洞的口号，不然的话，不管怎么努力也不见得会有建设性的新事物出现，甚至有可能越努力越糟糕。设定目标一定要慎重，要找出事物的本质价值，设定清晰明确的目标。

举例来说，减肥的人往往只看到体重的增减，坚持锻炼之后，有些人脂肪变成了肌肉，但是体重却没有下降，这并不意味着没有成果。有时候，表面上体重是降下去了，但是肌肉却变成了脂肪，这样的情况也是有的。所以说想要健康的身体，不仅仅是要关注体重这一个指标，同时也要关注脂肪率这些更加接近事物本质的东西。

在销售TQM中，外向型的目标制定是优于内向型的目标制定的。如果制定内向型的目标，比如销售额、份额、利润率，那么指标的设定，往往会逐渐向公司容易完成方向倾斜。内向型的目标是必须要有的，不是说全盘否定。

内向型目标容易出现的问题就是一旦以销售额为目标了，那么销售就会想着优先自己所在分公司的任务，想着如何对上这个数字。如果一旦有完不成任务的可能，就只考虑公司内部如何交差，而忽略客户感受，一到月末就采用强行推销这种饮鸩止渴的行为。

这样的后果就是公司不知道实际的市场需求，不能准确把握市场的动向和需求变化，不能和变化着的市场一起变化。问题出在哪里呢，就在于没有能够从客户的角度去考虑问题，没有想着如何去提高客户的满意度。短期内账面上的销售额是上去了，但是长期来看根本不能维持下去。

内向型的目标不能够保证长期的成果，而站在客户立场和市场观点的外向型目标则可以带来客户满意度的提高，增加和促进客户消费，创造出良性的循环。如果要采用外向型的目标，必须对客户真正的需求有正确的把握，必须考虑如何为客户创造价值，必须明确公司怎么样做才可以和客户需求的价值紧密联系起来，并且要详细地向员工们进行解释说明，让员工从心底里理解客户导向的真正含义。

从内向型目标向外向型目标转换的有名例子是美国IBM公司。IBM前任主席路易斯·郭士纳就曾经对企业进行过大刀阔斧的变革，可以说是完美地重建了IBM公司。郭士纳的变革中有很大的一个要点就是从内向型销售转变为外向型销售，其表现在于认真倾听客户的声音。

郭士纳将企业销售团队的目标从卖产品变成了提供方案。将销售员的评价标准从"产品服务销售额"变成了可以体现给客户提供价值的"客户别销售额"。促进了销售认识的改变，创立了新的价值观念。

为了降低内向型目标会导致的风险，需要对销售价值标准进行管理，一种相对有效的做法，是让销售意识到他们每个人的行动，实际上和给客户提供的价值是息息相关的，提高销售额与确保销售利润并不一定就是矛盾的。

2. 通过事实证明来推动变革
—— 深挖数据，认真分析，探究销售价值的本质

当确立新的销售价值标准时，必须重视变革意识与提高收益之间的关系，对现状进行彻底的分析，开展深入的讨论。

在彻底分析现状的基础上制定销售价值标准时，需要注意必须满足以下几个条件。

● 目标设定不是光想着自己公司，要让每个销售都理解是要

第五章 让销售TQM成功的十个要点

以客户价值为核心。

● 凡是存在疑点，不清楚的地方一定要刨根问底找出原因来，这样才可以发现被忽视掉的错误。此外制定目标时候一定要明确不能空泛。

● 目标不是一时一刻的，是要对销售额、销售利润增长持续长期有益的。

但不是说有数据就可以分析出结果来，所以在进行数据分析之前，首先要做出一定的假说来。创建一种假说不是很难的事情，这一点也许就是问题所在，当你这么想的时候，就先拿这一点作为突破口试试看。

以我们的经验，问题往往不是那么容易暴露出来的，所以说有人一下子就找到问题所在，这种事情是很少发生的。反倒是一直以来都被大家忽视的，甚至是一些大家都以为很重要，必须做的事情，才是问题所在。只有建立起假说来，然后进行事实分析，才能够真正定义销售的价值标准。

这里举一个日用百货品制造商Z公司的例子，Z公司是业界市

BCG经营战略：成熟市场的销售变革

场占有率最高的企业。现在市场价格下跌，日子很不好过。收益越来越低，促销费用、人力费用越来越高，因此考虑按照每一家经销商对各种费用进行统计，从销售额中扣除，看一看到底每家经销商贡献了多少收益。

Z公司的经销商主要有超市、便利店还有一些批发商。最终统计出来的结果如图表10所示。从图表中很难看出各个经销商类别和收益之间的关系。按理来说，如果销售额差不多的经销商，应该贡献差不多的利润，但是实际上销售额相似的两家经销商之间，有时候利润的差异居然可以达到二十个点。

图表10　按照客户分类收益情况

日用百货制造商Z公司根据客户分类的收益性分析表如下。销售额和收益性之间并无明显关系体现，超市A和超市B尽管销售额几乎一致，但是收益的差异居然高达20点。

$$最终利润率 = \frac{（销售额-促销费-隐性管理费用）}{销售额}$$

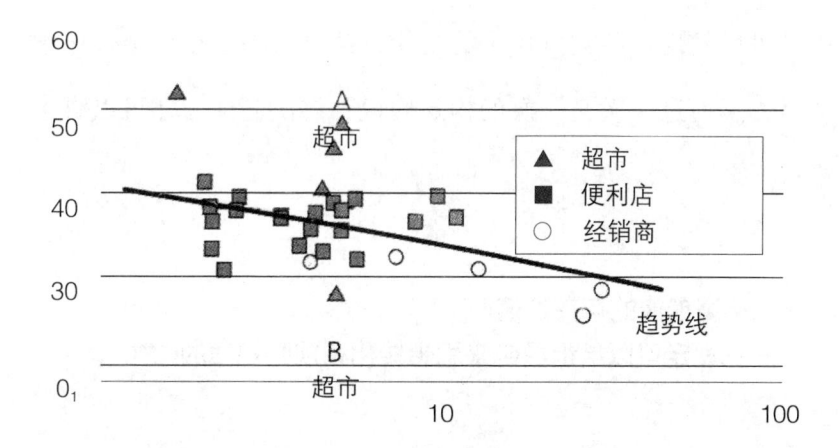

第五章　让销售TQM成功的十个要点

```
60
                   △
50       △
    超市        △
40   ■ ■   ■ ▲  ■ ■          ▲ 超市
     ■ ■ ■■■ ■ ■  ■            ■ 便利店
30     ○  ▲  ○ ○   ○           ○ 经销商
                        ○
                              趋势线
     B
0₁   超市
                10              100
```

出处：BCG数据库　　　　销售额（指数）

图中所示的趋势线是为了测定改善收益的潜在能力。对大客户根据其采购量给予一定的优惠，相应的会降低收益率。按照这个趋势线开始调整客户的利润率，则有可能大幅提高整体利润率。

设立这样的逻辑架构之后，我们预测，在不增加投资的前提下，通过对客户的正确管理，可以提高整体收益率，是问题解决的一个方向。

不能单单靠经验和感觉来判断问题，通过客观的数据分析，可以发现一些被掩藏了的真相，销售TQM必须要透过科学的目光，通过一次又一次的构筑假说，多次验证，才可以真正推行开来。

3.衡量销售的存在价值
——设定可以给组织带来思想转化和规则规律的KPI

设定销售的价值标准，同时也希望这个标准可以给组织带来思想的转换和新的规则规律。

以再春馆为例，和客户有了接触之后的第一年是非常重要的，因此设定了一个"一年后客户剩余率"这样一个价值标准。这种想法是对以往的一种突破，和之前按照采购次数进行分类的方法是完全不同的。通过分析如何实现这一目标，让现场的人都参与进来，制订了新的行动指南和行动模式。和价值标准能够自然搭配起来的这种形式，在小规模的验证中得到进一步的改善，使用的工具也越来越细致准确有效，最终通过员工培训等方式在全公司推广展开。

通过这一系列的动作让现场的每一个人去深入思考如何让客

第五章 让销售TQM成功的十个要点

户满意，如何向客户提供所需要的价值，从而以新的工作模式开始工作。

再以瑞可利为例，设定了提高介绍成功率的KPI。这一KPI的完成不仅可以提高客户的满意度，同时也让每一个销售感受到了工作的价值，提高了工作的自豪感，主动积极地去考虑如何改善工作。由此与客户面谈时能够更加认真地倾听客户的意见与想法，提高了面谈的质量。

■第二条 设定行动KPI

4.从"结果，数字管理"到"行动，过程管理"
——改变行动，就可以改变结果

本条开始讲述如何引入行动KPI，在销售TQM中，行动KPI是非常重要的组成部分。

还是举一个关于健康的例子。考虑一下"结果/数值管理"和"行动/流程管理"的区别。假定KPI的价值标准是将血压和体重控制在合理的范围内。

为了评估每天的健康状态，使用"结果/数值管理"的方法，每天都使用血压计和体重计将血压和体重记录下来。这样的话就会出现一个问题，人们会倾向于只关注数字，至于为什么会出现这样的数字反倒不怎么考虑了，容易变得每天看着这些数字一惊一乍。

与此不同，如果采用"行动/流程管理"，那么是要把每天必须要做的事情作为指标。重点放在引起血压和体重变化的原因部分上，出发点是通过适当的行动来确保好的结果，确立"减少卡路里的摄取""每天坚持一万步""控制高盐分的食物以及饮酒量"等具体的目标（也就是行动KPI）。

此处必须要注意的是，采取正确的指标。举个例子来说，大家都知道不适宜食用过多高嘌呤食物（易引起痛风等病症），所以有些人就坚决不喝被认为高嘌呤的啤酒，但是同时又喝大量的烧酒。这就是典型的指标错误的例子，即便严守这一规定，大量的烧酒也不见对血压和体重有什么好的结果。如果行动与行动KPI的价值标准没有因果关系的话，根本就不会起作用。

第五章　让销售TQM成功的十个要点

销售TQM的特征是对行动/流程来进行管理。而结果管理则是使用销售额和利润来衡量销售的表现。这样的话，就和只看血压和体重这些数字一样，没有办法提出具体的改善方法，最后只是喊喊口号就结束了。

于此相对，行动/流程管理需要设定行动KPI，然后对是否严格执行这些行动进行管理，如果严格执行了，这些行动终将会带来好的结果。对行动/流程的关注会帮助销售明确已经完成了多少，还需要做多少，已经完成的任务带来了什么样的结果，可以对整个过程有一个清晰的认识。可以了解每天必须要做的事情是否已经做了，如果没有做到，就需要去分析没有做到的原因。

使用行动/流程管理可以减少在销售活动中很多人为的影响。尤妮佳宠物用品的二神社长曾经这样说过，"不是谁都可以轻轻松松做出30%的击打率的，这是需要高度的技术与能力的，但是不管是谁都可以做到每天挥棒100次，因为这没有任何的技术与能力的要求。但是，每天练习挥棒100次，熟练度提高了，击打率也会上去的。"

如第二章所述，如果按照业绩对销售人员做出前百分之二十，中间百分之六十，最后百分之二十这样来区分的话。与其想去提高最优秀的那百分之二十，不如想办法把其余百分之八十的平均水平提高上来，更能够提高整体的成绩。

5.正确的行动指南= 设定行动KPI
——找出与销售价值标准相关的行动KPI

行动KPI必须设定明确的目标，并且可以被具体定量地监督及测量。能否找到正确的测量方法，关键在于需要完成的目标与销售价值标准之间是否有关联。换而言之，行动KPI持续执行的过程中，尽管会有一些延时的现象出现，但总体是要向上发展才可以的。

准确的测量标准不是很容易就可以找到的。当事情不顺利的时候，我们一般习惯从自己觉得不正常的地方开始，去确认是不是这些不正常导致事情不能顺利进行。然后会对这些情况进行一次又一次的分析，在现场一次又一次地进行验证，为了确认是否

第五章　让销售TQM成功的十个要点

得到现场的认可，还会一次又一次地进行讨论。

如此这般最后提炼出来的行动KPI即便算不上完美也要比之前的标准好上百倍。此时需要我们满怀信心将KPI坚定不移地执行下去。完美是不可求的，但是脚踏实地地往前走，结果总会越来越好。为了能够持续改善，在向前进的同时也要一次又一次地进行评议和微调。

举例来说，瑞可利在设定其行动KPI的时候，进行了大量的面谈和行动观察，并对庞大数据进行分析，为了找出其合适的行动指标，无数次地重复验证。即便在经过深思熟虑，制作出与每日的工作紧密联系的行动KPI之后，也还是先进行了小规模验证，首次验证的结果是制作出来的KPI依然不符合实际的工作环境。

之后，瑞可利将所有的流程按照步骤进行细分，将每个步骤之间的关联进行了探讨，包括对设定的流程前面的工作步骤也进行了分析研究，努力探究什么时候做什么样的事情才可以达到最终的目的，从而发现了设定的流程前面的工作步骤与之后步骤之间的因果关系。由此对流程及行动KPI进行了改善，最终构建了一种每日的工作与最终目标环环相扣的工作流程。

6.行动KPI必须实用①
——回顾昨天，展望明天的标准

实用的KPI必须是短期见效KPI，并且可以在实践中不断被完善的KPI。如果时间过了很久依然没有什么效果，或者说不能被量化的KPI，都是不合格的KPI。可以对昨天做过的事情进行回顾、修正，在昨天的结果上就可以对明天的行为做出调整的KPI才是真正可以提升业绩的KPI。

我们现在看在第三章介绍的四家公司，他们所制定的标准有一个共同点，就是不仅仅是和销售价值标准紧密相连，而且都是可以对过去一周所做的事情进行回顾与检查。

比如首先假定客户访问次数能够提高公司的商品销售量，带动销售利润的上升。要敲定客户访问频率为KPI是否合适，就要看预约客户的难易度（也就是预约客户需要花费多少时间）。如果很容易就能够预约到客户，那么就设定客户访问次数为行动

第五章 让销售TQM成功的十个要点

KPI，通过对KPI的掌控来将计划和结果来联系起来。换言之，就是依据这本周的客户拜访量来安排本周的行动计划，然后在下周时候可以对本周的行动结果进行评估，对下周的计划做出调整。

但是，如果预约客户很困难，即便约到了见面也需要一个月以后，那么使用客户拜访量作为行动KPI就不是很合适。理由如下，能不能拜访客户这是很久之前已经决定了的，是之前的行动结果，如果觉得拜访量比较少，即便想做一些调整，然后想着改变下周的行动计划，也不是那么容易的事情，不是说下周就一定可以增加拜访量。这样的计划最终不能得到员工们的认可，会流于形式。

如果是上述这种情况，预期将拜访次数设定为KPI不如将每周成功获得的预约次数，或者为了取得预约而与客户联系的次数，比如打电话的次数、发邮件的次数作为行动KPI来管理。实际上以某家公司为例，研究那些拜访客户次数很少的销售人员发现，拜访次数少的原因就在于没有能够有计划性地和客户进行电话联系，从而无法约到客户。如果这周没有能够与客户联系预约下周的拜访，下周就没有什么好去的地方。如果没有事先的准备，想着本周一定要去哪里拜访的话，一定会变得手忙脚乱还不

155

BCG经营战略：成熟市场的销售变革

一定能够成行。

然后对这些销售进行了每日打电话的指导，随之而来的是访问次数的增加。由此可见，找到能够将行动与结果紧密联系起来的有效的KPI是非常重要的。

此外，不能单纯地追求拜访次数，还要注意拜访的质量，要见到关键人物，比如说就算三天两头都可以见到客户的店长，但是如果总部的采购是关键人物，那么见多少次店长意义也不是很大。如果只是将行动KPI设定为客户访问次数的话，那么也不见得能够做出有效的行动来。

对于药品制造商的MR（药品销售）来说，提高销量的关键到底是和该领域的医生接触呢，还是和医药管理事务局的局长接触呢？这是必须要明确的事情，如果不这样，那么就无法制定出合适的行动KPI来。与客户的接触，也不仅仅就是见面而已，见面之后谈什么也是非常重要的。根据要谈话的内容，行动KPI也必须做出相适应的调整。要拜访那些负责开处方的医生，要直接向那些医生们清楚地传达药品的特征，不是说增加见面次数就可以了，必须增加与这些医生交流的机会。

有时候无法准确把握行动KPI的效果，那么就需要寻找一些替代性的指标出来。这种情况下，重要的是俯瞰全局，着眼对最终结果会产生影响的前道作业。如果前一道作业内容可以被定量测定，在确认是否可以立即执行后，可以将其作为行动KPI。

举例来说，某家公司为了增加最终签约的数量，把与顾客面谈的次数作为行动KPI。但是客户最终决定是否签约是需要一段时间的，从给客户送去资料，到与客户进行面谈，再到得出结论一般需要两三周的时间。所以公司着眼于之前的一道作业，也就是送资料的数量。对每周发出的资料数量和签订合同的关系进行了调查，得出他们之间有一定关联的结论。在此事实基础上，将行动KPI改为了向目标客户发出资料的数量。

有人认为资料的内容和质量也会影响到签约的数量，所以以资料的数量来作为行动KPI是不合适的，但是必要的时候也只能做一些让步。如果有一些指标更加地准确但是时间上需要花费一个月乃至一年才能看出KPI的效果来的话，倒不如选用一些有相关性更有时效性的指标。这样可以每日进行定量的确认，能够确确实实被执行的管理才更加容易出成果。

7.行动KPI必须实用②
——追求化繁为简

为了让所有的人可以采取一样的行为，行动KPI要尽量简单。要让除去最优秀的人才以外的其他员工能够取得成绩，就要使用同样的比较方法进行评价，给出建议。

以再春馆为例，在全公司团结一心向同一个目标努力的时候，从变革的计划阶段，就讲求让员工们能够非常简单明晰地了解要去做的事情。使用了简单易懂的语句，防止受众会产生任何理解上的偏差。所以他们的口号都是非常简单而直接的。

尤妮佳宠物用品公司重视让全公司的人以极其简单的方式重复同样的行动，全公司只做一件最重要的事情"1P"（one priority）。将1P设定为全公司所有人只要努力就可以做到的事情，从而强化了组织的能力。

第五章　让销售TQM成功的十个要点

需要注意的是我们必须将重点事项再三强调，保证所有人能够时刻了解目标的进展情况。为了让所有人的努力方向一致，设定了"主要的八十家客户每个月访问四次"这样简单明了的目标，此外在该目标没有完成之前绝对不提出下一个目标。同时为了让所有人有完成工作的成就感，另外还设立了例如"目标设定一定是每一个人都可以完成的""不分享那些个人所独有的方式方法"等规定。

如果一下子设定了很多复杂的KPI，同时对众多客户又都单独设立标准，那么作为组织就没有办法积攒经验下来，管理层就会丧失管理能力，最终又会回到不管什么事情都需要销售凭借自己的感觉和个人能力来处理的状态。

思考的目的不是去改变那些必须要做的事情，而是将那些事情做得更好，也就是要提高"提出解决问题的能力"，然后将从中学来的知识积攒起来，朝着更高更远的方向发展。

■第三条 引入习惯化管理

8.进行以周为单位的管理循环
——即时回顾，立即改正

本条讲述如何引入习惯化管理。设定销售价值标准和行动KPI不是很简单的事情，但更困难的是如何将他们实施下去。尤其需要防范的是，当实施了一段时间的管理循环之后，"差不多大家也都掌握了，没有必要和刚开始一样一板一眼地去做了"这样的心理。这种心理就会成为问题的源头，导致功亏一篑。决定的事情就一定要坚持下去。必须建立起这样的管理体制才可以。

再举个和人体健康有关的比方，最近几年关于脂肪肝一类的报道越来越多了。四十岁以上参加医疗保险的人被要求每年要检查这些项目。诸位读者的身边也一定有不少为了减肥而开始运动、节食的人吧。但是单纯减肥的话，非常容易反弹。这是人的体质所决定的。

如果希望从根本上改变体质，必须让身体的基础代谢提高上去，也就是说，不光是戒烟了，还需要平衡饮食，摄取低脂肪

第五章　让销售TQM成功的十个要点

低卡路里的食物，定期进行运动，等等，要让这些生活习惯融入到平时的生活中去。而且只有做到，如果哪一天少做了其中某一件，就会若有所失，心情惘然不爽，这时候才算真正完成了。

销售变革的行动也差不多是这个样子的。要做到就像是对待自己的体质一样，通过每天确确实实的行动，定期进行管理，从行为转化为习惯才算有了效果。关键是每周都要进行回顾，然后改善，要形成良性的循环。如果是每个月的话，就算再怎么认真地讨论上月的内容安排啦下月的计划啦，和每日的行动还是不能吻合，因此很难对每日的行为起到约束，不能使其成为习惯。

为了可以每周进行一次回顾，需要做到：

① 组织以经理为核心的例会。

② 以行动KPI为基础，构建每周对销售行动成果进行定量分析的队伍（一般由销售企划部门负责）和支持该队伍的IT系统。（如果一时难以建立起IT系统，则需要使用表格等的人工作业，所以也必须给予相应的人力支持）。

BCG经营战略：成熟市场的销售变革

③管理层必须在每月的销售会议上，对该月的销售行动成果予以检查，并确认行动的进展情况，以及是否已经得以稳固（由此体现出管理层的重视程度）。

尤妮佳每周所举行的行动管理SAPS会议上，SAPA是尤妮佳根据自己公司的特点改良后的PDCA管理循环，作为SAPS管理的一环，与会人员必须对上周的情况进行回顾，并在此基础上对本周的行动计划和战略进行解说，然后由其他同事对其进行点评，提出各种建议和意见，让进行解说的人得到更多的思考，对以往的行动进行修正，完善以后的工作方式。

这样做达到的效果，就是小组组长可以对小组成员分别在做些什么，进展情况如何，有一个好的把握。为此每天都要和组员们在一起，一边和组员们促膝长谈，一边了解到更多需要掌握的情况。这种周会成为一种习惯，小组长的管理能力也得到了提高，是否能够胜任经理职位也从中间显现了出来。

刚开始的时候，首先，每周进行的信息分享会还是按照级别分开进行，尤其是规模比较大的公司，不可能在一次会议上把所

第五章 让销售TQM成功的十个要点

有人的意见都进行深度的分析与讨论。各个分店可以在部门级别（经理，小组长）和小组级别(小组组长和组员)进行讨论。这样的话一周可以进行两次的管理循环会议，而所有销售参加的会议每月进行一次即可。

当周会循环的效果逐渐体现出来之后，要逐渐地让下一级的员工也参加进来，一步步地扩大会议的规模，让周会培养人才的作用逐步体现出来。

9.使用仪表盘，实现可视化
——使用可以对下周工作一目了然的工具

在制造现场使用TQM，要求使用定量客观的数据彻底贯彻"可视化"。最有名的例子莫过于丰田汽车的"指示灯方式"。当生产过程中一旦发现问题，负责人立即点亮指示灯，整条生产线可以立即停止下来。这样就能够迅速查明问题根源，快速将问题解决。

再春馆也是有类似的方式，一旦发现问题，立即开始敲击太

163

BCG经营战略：成熟市场的销售变革

鼓[①]。公司董事会成员和经理也会立即集中起来，就发生了什么问题进行交流。

同样，销售TQM中以行动KPI作为管理目标，如何实现可视化，也是非常重要的课题。使用可以使行动KPI一目了然的仪表盘是一种有效的方法。仪表盘是汽车司机开车时，为了解汽车相关情况不可缺少的重要工具，这个词在管理领域也是经常用到的。

图表11是药品制造公司"Q公司"的仪表盘。不管是每个部门的销售目标，还是每一个销售的行动KPI，都可以从这张表上看个一清二楚。就KPI的完成情况，使用了黄色、绿色等颜色区分，哪个环节出现了问题都可以很清晰地看到。可以说在如此清晰的表格面前，经理一看到自己部门的行动目标上面出现了红色，那么无需督促，也会立即去调查到底发生了什么。从图表中也能够看出销售额的大体走势，可以立即根据情况对行动计划进行调整。

可视化、仪表盘的作用在于通过视觉化呈现，一眼就可以给人"好""不好"的直观感受。当相关负责人看到这样的表格，在内

[①] 日本传统鼓乐器，译者注

心给目前的状况打上○或者打上×[①]时候，会起到催促负责人立即行动的作用。

在汽车的仪表盘上，我们可以看到速度计、转速计、燃料表、距离表，司机可以瞬间了解到驾驶需要的诸多信息。同样实施销售TQM的时候，我们也需要准备类似的可以让销售一眼就能够把握现状的仪表盘。如何让销售在看到这样的表格时会感到"这个地方还需要再努力，不然就会失败""不努力的话不可以啊，这样一直下去会就危险"，此类感受是极为重要的。

通过"可视化"，促进了知识的共享，提高了组织的思考能力和行动能力。不仅仅是管理层和销售，公司内部也可以横向比较，激发推动公司进步的推力。另外还有一个优点，就是可以看到别人在做的事情顺利推进，从而开始向人家开始学习，在公司内形成一种积极向上的气氛。公司里越是开放的风气，就越能够让那些优秀的员工乐意向大家展示其能力并对别人进行指导。

---

① 日本习惯使用○表示好，×表示不好，译者注

BCG经营战略：成熟市场的销售变革

图表11　可视化管理的仪表盘

分店名称	销售拜访客户次数（次/人）	对销售语言的掌控（%）	每次推销的平均销售额
	绿黄红	绿黄红	绿黄红
A分店	000 ●○○	00.0 ●○○	000 ●○○
·A-1课	000 ●○○	00.0 ○●○	000 ●○○
·A-2课	000 ●○○	00.0 ●○○	000 ●○○
B分店	000 ●○○	00.0 ●○○	000 ●○○
·B-1课	000 ○○●	00.0 ●○○	000 ●○○

C分店
课名

B分店
课名

A分店
课名

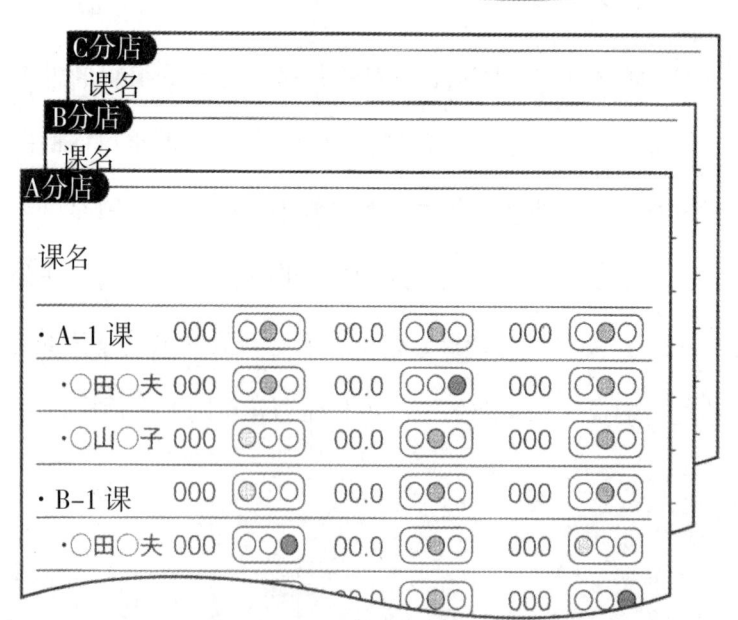

·A-1课	000 ●○○	00.0 ●○○	000 ●○○
·○田○夫	000 ●○○	00.0 ○●○	000 ●○○
·○山○子	000 ●○○	00.0 ●○○	000 ●○○
·B-1课	000 ●○○	00.0 ●○○	000 ●○○
·○田○夫	000 ○○●	00.0 ●○○	000 ●○○

注：绿=目标完成　　黄=目标完成90%以上　　红=目标完成在90%以下
出处：BCG数据库

166

10.再造现场经理
——严守不偏不倚的行动方向

让销售TQM能够完全稳固下来的关键,在于现场领导者的管理能力。寄希望于现场的领导者,拥有能够提供有效指导的能力,以及坚定不移的信念力。如果经理能够很好地把握部下的行动细节,能够进行适当的辅助,那么就可以提高整个团队的收益。

作为领导必须要重视的事情有以下五点:

①重过程不重结果

②一步一个脚印

③要指导就要一起去

④追问、追问、再追问

⑤持续地让所有人做同样的行动

①重过程不重结果

如果只盯着销售额,那么没有完成任务,便总能够以市场需求下降了，客户那里有一些特殊情况发生了之类的理由来搪塞。如此一说，经理们也不好说什么，问题没有得到解决，想要改善也无从下手，最后只能指望那些明星销售的个人能力。需要建立起任何人都可以做得到，做不到的时候就没有任何理由可以推卸责任的组织来。唯有这样的组织才是充满战斗力的组织。

当然，话虽如此，对经理级别的管理者来说，结果依然很重要。但这个时候，必须要做到像尤妮佳二神社长所说的那样："自己心里面天天在算数字，但是对外绝对不能显现出一丝一毫来。开会的时候时刻告诫自己，千万不能把数字说出口。"自律与忍耐此时显得尤为重要。

②一步一个脚印

一下子就把所有的问题都解决了无异于痴人说梦，所以我们要一步一个脚印，一点一点地解决问题。如果我们只是把政策制定出来，然后让大家立即去执行，那么就算全公司一下子都动起来了，各个地区、各个分店、每个人也会有差异出现，结果会导致一片混乱。这就是为什么要一点一点做起的原因。

尤妮佳宠物用品公司以"1P"作为重点课题，每次集中力量只解决一个问题，这样的话就不会在执行中产生偏差，所谓欲速则不达。只有每一次都彻底解决一个问题，才可以展开去解决下一个。

③要指导就要一起去

如果经理和销售一起到客户那里去拜访，那么经理能够对销售与客户的交流方式方法有所了解，能够发现其中的问题，能够给出更好的建议和意见。丰田汽车中被称作"现地现物主义"的做法是丰田管理模式的核心，指的是到现场去，实际确认状况，一定要了解现场的实际情况。不光是在制造业现场，在销售的现场，这一套做法依然有效。

有一家乳制品公司，发生过这样一件事情，在某个店铺卖得很好的产品，在同一商圈的另外一家店铺却卖得一般般。经理和销售一起去店铺调查情况时发现，原来两家店铺追加产品订单的工作，都是交给打工的店员来处理的。傍晚时候是这种产品的销售高峰期，第一家店铺的店员因为要工作到傍晚以后，所以他了解这一情况，都会提前下一些订单。而另外一家店铺的店员是三点钟就换班了，不了解情况的他自然不会追加订单，然后到了傍晚的时候，这种产品就售罄了。

谁也没有想到这个问题是这么简单。但是如果只是盯着数字看，估计谁也想不出来会是这样的吧。出现问题的时候一定要认真观察，只有这样才能找出问题的答案。

曾有一位帮助推进销售变革的科长这样讲过："我们必须去了解每一个销售，了解他们的水平。首先就要和他们一起出门，第一次做给他们看，第二次看他们做，之后才能向他们提出建议，再往后才可以让他们自己去，听他们的汇报。如果你不了解他们的真实水平，而只是做甩手掌柜，是不可以的。"

如果完全交给部下去做了，他们做的事情都会变成"黑箱状态"，领导不能够理解现场的真实情况。有些信息一直收集不到，原因可能是销售不懂得如何向客户发问，或者是销售不懂得如何与客户沟通。如果是前者，就要给销售制作一个问答表，让他照着表格去问，如果是后者，就要教他一些沟通的技巧。

④追问、追问、再追问

如果销售自己没有做好,那么需要他去思考,去理解,到底为什么没有做好,然后在反省的基础上,可以对明天要做的事情做一个修正。为了帮助销售达到这一点,就要对他进行不停的追问。在没有完成任务的时候,"为什么"这个句子非常的重要,需要被重复很多遍。

丰田的连续五次"为什么"的追问法被众人所熟知,尤妮佳在他们的SAPS活动中同样展开了连续追问五次"为什么"的实践。

那么现实当中具体怎么操作呢?拿某家日用品制作公司的周会上的记录做个例子。按照原定计划和客户进行了谈判,但是并没有得到对方采购的认同,对参与谈判的销售做了如下追问:

为什么对方没有接受我们的条件
和对方的采购的关系还不是很好,对我们不是很信任。
为什么关系不好?
因为接触次数不多,没有什么深交。

为什么接触次数少？

采购上面还有他们的部长，人很不好说话，就算和采购经常交流也没太多用。

为什么不去和不好说话的部长交涉一下呢？

我们级别太低，部长级别的人很难见到。所以我们和采购说的话，采购也未必就和他们部长讲过。

为什么见不到对方的部长，你们就放弃了呢？

以为没有办法了。如果和我们部长商量一下，想办法和对面的采购部长见个面，说不定还可以再谈一谈。

如此这般在一次次的追问中，最终会靠近问题的本质。

⑤持续地让所有人做同样的行动

让部下去重复相同的事情，无论对部下来说还是对经理来说，都是一件需要耐心的事情。如果两面都产生了惰性，那么管理就容易变得松懈，放任自流的话，变革最后就不了了之了。尤其是管理层因为一直要重复同样的事情，自己很容易就先厌倦了。

第五章 让销售TQM成功的十个要点

尤妮佳的二神社长曾经这样说过:"做了一段时间,有了一些成绩,人就不由自主地想去做一些新的事情,但是实际上变革还没有稳固下来的时候,一定要忍耐住,继续坚持做该做的事情。"

瑞可利的销售变革中,首当其冲的是管理层的变革,所以领导方式也必须发生变化。只有那些不惧困难,能够培养出优秀下属的人,才有可能获得更高的职位。能够感受到工作的意义和乐趣,而不是因为每天要重复相同的事情而感到懊恼,让部下做出成绩才是管理的要点。

第六章
变革之后防止后退的经验谈

很多企业认为要成为销售水平高的企业，只要构建出一个好的战略，一个好的组织结构就可以了。事实是一个好的战略和一个好的组织架构，还不能够保证企业成为销售水平高的企业。虽然说没有好的战略和好的组织结构很难成为销售水平高的企业，但是即便刚开始的战略不算完美，组织结构不算优秀，只要在实践中不断地去修正，变革的成功率就会不断提高。

销售TQM是一种包含着管理和销售思想的富含创造性的手法，但是如果引入的方法不当，那么依然会失败，无法持续下去，之后也没有办法展开。如何引入并实施，和战略设计是同等重要的，必须对此做好万全的准备。

第六章　变革之后防止后退的经验谈

本章将讲述变革可能失败的原因，在实施时需要注意的地方，以及如何避免失败，如何持续进行变革等的方法。

■销售变革失败的例子

如果有以下情况发生，变革就很容易受到挫败。

①准备不足

即便是有很好的战略基础，但是如果实际实施的时候没有良好的后备体制系统基础，那么现场的负担就会变得很大，运转不开，会花费大量的时间。这种情况下，新的方法就很难持续下去。

举例来说，为了实现行动KPI的"可视化"，需要制作相应的仪表盘，但是加工这些信息的时候，无论如何都是需要一些计算机系统的支持才可以。若把数据输入到系统中，自动就可以制作出分析结果的话，是最好不过的，但是如果没有准备好这样的系统，就需要花费大量的时间。如果确实条件不够，不能立即提供这样的系统出来，也需要事前准备好足够的人手来进行数据的收集，使用一些表格来进行加工计算和分析。

如果没有这样的准备就上马变革，往往会要求销售部自己去搞这些数据收集和分析。光是要适应新的工作方式就已经很辛苦了，再加上数据收集整理这些琐碎的工作，那么本职工作的时间就会被占用，销售们就会感到厌倦，士气会变得低下。销售此时如果产生抵触变革的情绪，那是再正常不过的事情了。

②干劲不足

大多数人工作上都是喜旧厌新的，对新的工作方式很多人都会产生消极抵触的情绪，所以变革中一有什么不好的事情发生，大家就会敏感。本来就是有些勉为其难的感觉，如果有一点点不好的事情发生，立即就会陷入还不如不做的想法之中。

尤其是如果过去有过变革的尝试，引入了一些新的做法，但最终没有能够顺利实施，最终导致变革流产的话，现在的不利局面更加会让人联想起以前的失败，从而导致变革举步维艰。这种情况下，很多人心里的想法会变成不管怎么样都会失败，为了避免上司啰里啰唆地说个不停,就装装样子给他们看就行了。一旦事态发展成这样,不管有多么细致的战略准备,都很难顺利进展下去。没有干劲,事情做不好,事情做不好,就更没有干劲,变革就这样陷入了恶性循环之中。

更有甚者,因为本来就反对变革,就会利用这样的机会向变革发难。比如有一些优秀的销售就越过自己的上司直接向董事会抱怨。如果这时候有董事会成员插手,变革就功亏一篑了。

③协调不足

就算有理论上很完美的模式,如果不能认识到协调的重要性,不能给予充分的协调时间的话,变革过程中常常会出现瓶颈。构建新的组织架构必须要首先设立假说,对假说进行验证,修改,再验证,一次次地进行讨论,不断去完善。如不然,一旦开始实施,就会出现很多问题。

举例来说,开会是定在周一好还是周四好。开会前能不能预备足够的时间和销售们进行单独沟通。这些"细小"的事情都是不做不知道深浅难易的。如果只追求理论上的合理,忽视协调的重要性，是要吃大亏的。通过小规模的试错不停地去修正，提高完成度是非常有必要的。如果在模式还没有做到尽善尽美的时候就开始大规模推广，成功的可能性是微乎其微的。

④疑神疑鬼

现场如果做了什么特别的事情，就会有人期待马上能够出结果。换了新的方法，但是结果就是不出现，怀疑、不安等负面的情绪就开始生根发芽了。不光一般的员工，管理层也是一样的。如果看不到确确实实的成绩，无论怎么去和别人讲"只要这么做就一定可以成功"，别人的心里也还会有诸多不安。如果这种情绪蔓延开来，最后就会回到原来的做法中去了。

■让流程成功的要点

为了避免这样的失败，必须要将实行的流程和组织架构都考虑好。在实行时有如下几点尤其重要。

第六章　变革之后防止后退的经验谈

① 开端要小规模

所有项目都有一点是共通的，当作业模式规定下来之后，如果立即让全公司开始执行这一模式，实际上是一种很危险的行为。让公司一小部分的小组先开始小规模的验证，之后再向全公司进行推广，这样会极大地提高成功率。

销售TQM尤其需要这样的小规模验证。这样做的原因是，在小规模验证中会发现很多只有在现场才能发现的问题，以及与计划有出入的地方。这样的话不仅可以在小规模验证的过程中适时地做出调整，也可以预见在大规模推广时可能出现的问题，以便提前做好应对的措施。

实事求是地讲，小规模验证的成功不一定代表着大规模推广的成功。再完美的理论模型也只是纸上谈兵，只有在实践中不断地试错修正，不断地去适应现场的环境，得到众人的认同，才算真正走上了改善的道路。

② 要迅速做出成绩

在小规模验证中迅速地做出成绩是非常重要的。为了消除现

BCG经营战略：成熟市场的销售变革

场疑神疑鬼的心态，让现场的气氛变得积极活跃，能够让变革成功进入大规模推广的阶段，就一定要在小规模验证中做出成功的例子来。

由此，选择小规模验证时的实施对象，就必须非常地谨慎。选择的基准首先是相对容易出成绩的部门；其次要选择的部门是一旦发生改变，就会给其他部门带来较大冲击，可以促使其他部门也积极参与到变革中来的部门（换句话说，就是要确保这个部门的正向改变，不是因为受到特殊照顾等原因）；最后是需要一个有决断有担当的负责人。

作为小规模测试的后援，推进的总部领导人，一般委任构建该体系的人相对比较合适（在各个分部则选择该分部的执行负责人比较合适）。不能把造型之人和造魂之人分开，从头跟到尾的人会对其形式和思想更加了解，更加有利于坚定的执行。

提高变革的意识。为了能够做出有意义的成果来，必须认真考虑怎么样做才可以创造出成功的案例。把做出来的结果作为成果展现出来，也是需要一定的表现手法的。虽然验证是要一遍一

第六章　变革之后防止后退的经验谈

遍地做，但是一旦在验证中失败，就没有办法去大规模推广，所以验证是只许成功不许失败的。

从最早的小规模验证开始到出结果，时间是越短越好。如果是那种成果要等一两年才能出来的情况，最好是换一个其他的方式去做。时间越长各种变数越多，就算有了成绩也不一定就能体现出是变革的效果，会让参与变革的人逐渐心灰意冷。

再春馆制药所曾经做了三个月的小规模验证，尝试使用非推销方式的客户沟通活动，得到了很好的销售业绩，之后才在全公司推广开来。

由于行业的不同，有一些行业三个月看出效果是不现实的，这种情况下，可以通过客户拜访的次数，报价单的提出次数，第二次拜访客户的次数等等各个阶段比率的提升，来判断最后的成果，即便不能完全看出来，也可以计算出一定的成功比例。

要想方设法地让公司内认同，相比于"A阶段的比例的高低直接决定着最终成功率的数值"这种根据事实的猜测，使用其之前的行动KPI的完成结果来预测结果更加地有效合理。同时将这种流程管理评价系统逐步融入到业绩评价系统中去。

简单明快的说明可以让上层消除不安的感觉。在小规模验证中取得成绩可以让上层产生兴趣，进而开始支持变革。如果得到上层的大力支持，那么变革的推进就会变得更加容易和顺畅。

如果出了成果，那么销售行动起来也会变得更加方便。销售不是不想通过变革获得成功，销售所担心的是失败。销售会根据自己以往的经验得出这样的想法，"那些对现场一无所知的家伙天天喊变革变革的，从来就没成功过嘛"。这种受害者意识是变革的一大阻碍。如何消除这种受害者意识，让销售意识转变为"如此一定行得通""这个成功了，对自己也是有好处的"这样的想法，是变革成功所必须的。

此外，一直以来靠着个人能力和个人魅力来进行销售及管理活动的旧式销售领导抱着老式的管理模式不放，往往对新模式下的单纯训练不屑一顾。此时就需要高层领导出面协调。当那些支

第六章 变革之后防止后退的经验谈

持新方式的销售领导所带领的销售们取得了一些成绩，就算是有些小题大做也要予以热烈的赞扬。通过这样的行动，让现场的气氛变得积极向上起来。

再有就是如果变革的效果没有预想的好，也不要急于批评那些尝试变革的人，不要就此断言是变革的人方向错误，或者没有认真去做。这样一来就没有人再敢去尝试挑战变革了。包括战略部、设计部，以及各个部门都要研究到底是谁的责任，一起进行修正才是最重要的。

③微调

在进行小规模验证的同时，对建立起来的模式要进行微调。从一开始就要意识到世上没有一蹴而就的事情。和现场的人一起考虑、一起改进模式，只有这样，才更能得到现场人的认同。

微调针对的是为了达成最终目标而设定的行动，微调不仅要充分考虑当前流程之前的一些工作，还要考虑到怎么样让现场更加顺畅地展开工作，实施验证循环，让经理更加方便管理，等等方面。

BCG经营战略：成熟市场的销售变革

某家公司将向客户提供最佳提案列入了行动KPI，但有些销售做得好，但也有一些销售不擅长做这项工作。仔细观察两种销售发现，之所以有这样的问题产生，主要原因在于对公司内的数据库的使用方法的差异上。

因为不能很好地使用数据系统，所以在这些工作上面就会花费很多的时间，定好的事情迟迟不能按照计划去做，不能确定目标客户，也找不出合适的推荐商品，所以说不要说最佳提案了，连客户预约都很难保证。这样就没有办法完成行动KPI了。

对这些不擅长使用系统的销售，编写了简单易懂的操作说明，并且对他们进行了培训。结果显而易见，他们的行动KPI的完成率发生了质的飞跃。

这样的微调有赖于每周的监控得以顺利施行。假设小规模验证的时间是三个月，如果微调只是每月一次的话，总共才只有三次的修正机会。但是如果微调是每周一次的话，那么就有十二次机会了。

需要注意的是，微调一定是微小的调整，是为了让行动KPI更加适应行动管理。在微调之前就需要把销售的价值目标给牢牢地确立下来。小规模验证的时候必须要坚持这一价值目标不动摇。

必须要避免针对个别人的调整，也不能在中途对基本模式进行大的修改。由于各种原因不得不对模型做出大的调整的时候，一点要证明大的改变是有意义有必要的，然后挑好时机静悄悄地改变。但如果朝令夕改，那么销售模式很快就会分崩离析。

另外如果正在进行小规模验证时候，对销售的价值又开始了研讨，那么就说明了定下来的销售模式存在缺陷，用小规模验证作测试都为时尚早，应该先继续对销售TQM整体进行研讨，之后再开始小规模验证。

④横向推广要一气呵成

要让公司内形成"变革是可行的"这样的氛围，就一定要明确地向大家表现出"只要这么做，就一定会成功，一定能带来好的业绩"这种态度。只有当参与的人都感觉到参与变革对他们是有益的事情的时候，才会打消猜忌，期待变革成功，才会出现担心如果没有感上变革春风会影响到以后发展这种有益于变革的担忧。此时一定要乘胜追击，一气呵成地将变革推广开来。

要一气呵成地推广变革，要点在于监督和支持，在于那些能够将战略构想在公司里稳固下来的"传道士"。最好在小规模验证开始的时候就准备好能够为变革宣传而努力的"传道士"和相应的支援体制。

小规模验证第一周，第一个验证循环的基本形式也大致被定下来了。在每周的验证循环中去了解到销售们容易遇到哪些问题，应该向他们提出什么样的建议。能够抓住这些点，那么大规模推广的时候，就会变得相对容易。

培养"传道士"的方法，根据企业的不同，其方法也是各式各样的。有些企业是将参加了小规模验证的成员派到各个据点进行新方法的介绍与推广；有些企业是派那些将要开始使用新方法和新模式的经理参与到小规模验证中，让他们在这里积累经验，增进理解，然后回到各种部门之后进行介绍和推广；还有一些企业是培养了一批员工作为专职的讲师，到各个据点进行新方法新模式的讲解与推广。

让销售现场的关键人物参与到变革之中也是必须的。从组织力学和公司内政治等各方面考虑，没有公司关键人物参与的变革往往会事倍功半。

一般来说，绝大多数公司的销售最高层都会有盲目的自信，以为自己已经尽力在做事情了。由销售最高层发动的变革可以说是少之又少。但是如果不让销售最高层意识到进行变革的必要性，那么变革就更没有进展下去的可能。此外就算最高层有了变革的念头，如果中高层没有这样的意识，没有能挺身而出发挥领导力的人来领导变革，那么变革也就无法成功。

将某位特定的关键人物拉到变革的阵营后，常常让整个气氛为之一改。变革的时候到处有反对的势力，但是当某位副总经理或者董事会成员站到变革的一边时候，一切就都会朝着变革的方向开始运转了。有时候有些人也曾经主动发起过变革，但是变革失败，对变革充满了怀疑。

为了打破这些先入为主的错误观念，让他们认识到变革的必要性，与其使用理论的说教，不如用事实来证明。在对事实的严密调查之后的数据，才是具有说服力的。

某工业制品厂的变革计划得到了该公司的董事会成员、分公司总裁的支持，成为了变革的巨大推力。这位总裁是第二年就要退休的，在公司里是神一样的存在，是一位相当有实力的人，可以说公司的销售能够到现在的这一步他是功不可没，他也是以此为傲。

刚刚开始变革的宣传的时候，受到了很多的阻碍，"这么做的话，肯定是要失败的""这么做，事情就会朝这方向发展，然后就是失败了"。公司里很多高层的领导对变革的态度都是不屑一顾的，他们大多经验丰富，但是也由此耳目闭塞。为了让分公司总裁能够站到变革的队伍中来，向他展示了诸多数据和分析结果，邀请他参加了诸多的讨论。在让他看过大量定量分析的数据以及翔实的资料后，又向他汇报了大量访问的报告，以及去客户

第六章　变革之后防止后退的经验谈

处拜访得来的调查结果，最后终于让分公司总裁意识到：一直以来的认识与现实已经产生了偏离，变革迫在眉睫。

提供的数据和事实，包括与竞争对手之间生产性的比较，按顾客分类其份额的多少，公司处于怎么样的劣势中，价格下落到了何种程度的不利局面，因为只是公司内部的文书处理导致无法与客户接触等的事实。同时把员工工资和他们的业务表现用表格的形式做出来，从中发现能力表现和薪酬之间没有明显关系等事实。将这些都突出显示出来，让高层的关键人物们感到，"怎么会事这样，简直不可理喻""果然不变革是不行了"……说服高层"如果这样改动这些部分，就会有改善"等等，从而推动变革的进行。

BCG经营战略：成熟市场的销售变革

图表12

○ 小型开端   ○ 小而快   ○ 一气呵成地推广

- Q 是否存在更早阶段可以进行效果确认的指标
- Q 现场实际操作的可行性有多少
- Q 是否是方便经理进行管理的模式
- Q 是否是适合循环的模式

部门选择的要点

・容易出效果
・对其他部门能够造成影响
・不会被认为某些特殊原因而成功
・有具有领导力的人才

第六章　变革之后防止后退的经验谈

■整理结构确保成功实施

推进流程的时候，也需要对组织结构进行整理。结构整理需要遵循的原则是"加一则减一"。在此基础上设计如何提高变革期望，如何让组织更加有效的助理部门（业务支援队伍）与IT系统，业绩评价和激励设计。之后更要设计让意识变革可以迅速简单进行的监督工具。

加一则减一的思想

尤妮佳宠物用品的二神社长这样说道："工作即妥协，要做一件新的事情，就必须放弃一件旧的事物。"这句话就这样被引入销售TQM之中。

为了可以推进变革，包括薪资系统在内很多的支援系统都必须详细考虑，比如像人力资源的支持和IT系统的支持。不仅是从物力上对销售进行支持，还要从心理上对他们进行支持。

BCG经营战略：成熟市场的销售变革

前线的销售们一般都会产生一种受害者意识，因为每当他们被要求做一些新的事情的时候，经常会追加要求做这个做那个的。所以说，一旦有新的事情要开始，同时就要告诉销售一些之前被要求的事情就会被取消，不会给销售们增加多余的负担，那么他们就会有干劲去做新的事情。通过对过去业务内容的重新研究，采取新的行动管理，废弃一些过去留下的无意义工作，或者将一些工作进行整合，将不需要销售再去做的事情全部取消掉。

举例来说，销售经常被要求提供例如"新产品预计可以卖出多少"，"之后的销售额走势及预估是什么样"，"每家客户/每家店铺具体损失了多少金额"等和销售相关的数字报告。

但是对于销售来说，如果已经确定进行行动管理，那么商品配发（将商品分配给各个商店上架）和POP（商店里的宣传手段）才是应该管理的对象。根据这些行动，总部就可以自己计算出销售额的预估和走势。这一类的计算管理可以交给销售管理或者企划部门去完成，必须给销售减负。需要建立起这样的系统，要让销售做到在周报和月报上不需要使用到这些销售额数字。

助理部门与IT的准备

销售经常要处理一些和销售活动有关的杂务，这些杂务侵占了销售的工作时间，导致给客户提供的附件价值降低，所以完全可以把这些杂务交专门负责处理杂务的助理部门去做，解放销售的双手，提高销售生产率。

某公司引入新的价格规则时候，同时对助理部门进行调整。之前每当客户要求"能不能便宜一些"，或者"已经降价卖给下一级经销商，可不可以再让一些给我们"的时候，销售就打电话给自己上司请示，给各个部门解释，填写诸多的表格申请。本来要做的销售活动都没有办法去做了，一天到晚就是处理公司内部的文件，到了客户那里也是一直在打公司的电话。

于是制订了新的价格规则，超过一定价格的折扣权利不在销售那里，销售没有权限去对应客户无休无止的降价要求。如果客户有价格的要求，则客户可以直接联系助理部门，由助理部门进行应对。销售得以从公司内外的各种业务调整作业中解放出来，可以有更多的时间专心与客户进行交流。

按照新的规则引入新的系统的时候，需要考虑好在系统还没有完全引入的空白期如何作业，比如说确保足够的人力来收集需要的数据并进行分析，不要给销售增加负担。此外为了加快系统引入的速度，需要让系统负责人对一直以来的处理流程，已经变革的内容，接下来可能需要的步骤，出现的各种票据等等，有详细的了解。在向全公司推广之前，要建立起至少能满足最基本需求的系统才可以。

业绩评价和激励的设计

当引入新的工作方式时，原有的销售额目标，管理计划与预算，以及薪酬评价系统都不可以原样保留。计划、监督、评价、报酬等跟PDCA有关的，都必须依照新的目标进行变化。

此时需要注意的是，很多公司会一下子把人事制度、薪酬制度都做大幅度的调整改变然后迅速地推广开，但是这些都是变革进行到后半段，条件成熟情况下才该推出的东西，万万不可操之过急。

第六章 变革之后防止后退的经验谈

尤其是类似"与成果主义"这一类的制度，一旦引入的时间点不对，不仅不会帮助到销售变革，反而会带来很大的危害，是非常危险的动作。变革的阳光不能照到应该照耀的地方，更会导致销售们士气低下。

在薪酬制度上的成果主义的导向，体现在前百分之二十优秀的员工拿着高额的工资与奖金，而绝大多数的员工的薪水只能维持和以前一样甚至会比以前更低。如此一来，作为变革重点对象的大部分员工士气会变得低下，这种变革可以说简直就是本末倒置。这时，对行动变革做出的结果进行表彰比对结果评价重要得多。

评价激励的一个要点就是要建立起培训、教练的经理系统来。要建立合适的系统，使得这些经理们有强烈的动机去对新的流程、程序进行循环验证，认真指导部下。

经理们不能只关注个人和小组的销售额和利润，也要关注部下的行动方式是否得到了改善，评价他们行动KPI的完成情况，了解他们是否明确了目标。

如果设定了错误的激励方式，那么最终会导致白忙活，就会推诿责任，将失败归咎于引入评价系统的总部。现场就不能够主动去思考该如何改善销售活动，怎么样去努力适应新的方法。这样的话不论激励制度怎么设计，销售组织都不能从实质进行转变。即便是这些激励起了些许作用，那也会让现场销售放弃主动思考的动力，对上面言听计从，面对变化的市场环境时候就会变得束手无策。

如果是以小组为单位的销售模式，那么激励政策也要与之相匹配。有些公司虽然名义上是小组销售，但是不合理的激励政策，往往导致销售们依然单枪匹马，自己干自己的。有些人还有这样错误的逻辑，如果两个人为一个小组负责一个客户，那么每个人的销售活动都是减了一半下去，所以对应的销售额要求也减了一半下去。如果一个人对应一个客户，那么销售额就应该是增加一倍上去。如果想提高小组的效果，就要去激励那些肯相互合作的行为。

一种方法就是将财务会计和管理会计分开来看。即便是100的销售额，在管理会计上可以将其看作150，构建对于维护客户、签约、收尾各个步骤的贡献度进行评价和激励的系统，创建具有团队合作的氛围。

■使用意识管理进行持续变革

在顺利引入销售TQM之后，必须要开始关注如何进行长期的管理。为了维持变革的成果，必须让所有人意识到"已经不可能再走回头路了"。这时能够改变公司气氛以及意识的变革管理尤为重要。

阻碍变革的一大屏障是长期以来形成的人际关系，习惯了的各种公司传统等等这些和人的情感相关的东西。

有时候因为与公司里不成文的道德感发生了偏移，也会成为变革的屏障。变革没有能够像预想的一样顺利进行，有时候会有放弃的气氛出现；又有时候变革是在顺利进行的，但是也因此刚

BCG经营战略：成熟市场的销售变革

刚明确下来的规矩就开始被忽视了。

特别是变革开始没多久，因为似乎一切都顺风顺水，就会出现一些已经差不多了，可以进行下一步，可以开始尝试一些更新的手法了之类的想法。结果是变革的"型"还没有定下来，最后又退回到原来以个人为主的模式中去了。所以在"型"还没有稳定下来之前，是不可能也不可以继续往前发展的。

注意变革曲线

为了防止这样的情况发生，就要对变革过程中可能发生的心理变化有很好的把握才可以。根据我们过去参与大量企业的销售变革的经验，一般来说可能会出现的情况如图表13所示。这就像去没有去过的地方，手里所拿的地图一样，变革的时候可以作为参考的变革地图。

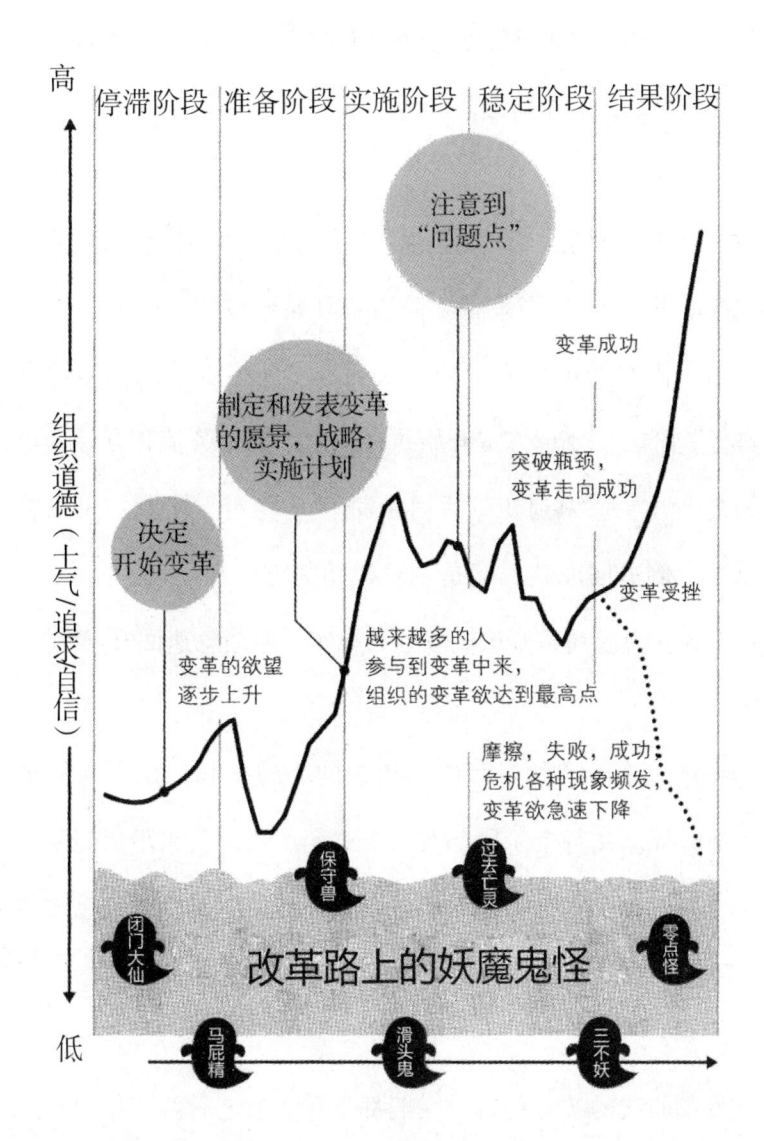

第六章　变革之后防止后退的经验谈

图表13　变革曲线　变革之路

纵轴：组织道德（士气/追求/自信），从低到高

横轴分为五个阶段：停滞阶段、准备阶段、实施阶段、稳定阶段、结果阶段

- 决定开始变革
- 制定和发表变革的愿景、战略、实施计划
- 注意到"问题点"
- 变革成功
- 突破瓶颈，变革走向成功
- 变革受挫
- 变革的欲望逐步上升
- 越来越多的人参与到变革中来，组织的变革欲达到最高点
- 摩擦，失败，成功危机各种现象频发，变革欲急速下降

改革路上的妖魔鬼怪：闭门大仙、保守兽、过去亡灵、零点怪、马屁精、滑头鬼、三不妖

201

通过研究那些变革成功了的企业，我们发现，一般来说，在改革过程中组织的心理通常会有"停滞""准备""实行""稳定""结果"这五个阶段。

"停滞"阶段：有些领导意识到业绩停滞，组织面临危机，下定决心开始变革。"准备"阶段：开始形成变革的蓝图以及战略，组织内对变革形成了统一认识，出现了变革的强烈欲求。"实行"阶段：变革方案开始执行，组织和业务流程开始变化，组织内外开始意识到变革活动在发生。"稳定"阶段：可以看出变革是会倒退回原状，还是朝着成功的方向在发展。"结果"阶段：变革获得成功，开始摘取胜利果实，业绩急速回升。

在这五个阶段的过程中，组织的心理就和过山车一样来来回回地升降。在每个阶段都会出现"变革怪兽"来阻碍变革的发展。变革怪兽存在于每个组织当中，是各种阻碍变革的感情的总称，不能打败变革的怪兽，变革就没有办法成功。

变革曲线的波谷位置，一般都是在变革之后两三年出现。有

第六章　变革之后防止后退的经验谈

一点颇为出人意料的是，变革快要稳定的时候却是最为关键的时候，从我们经验来看，能否突破变革曲线的低谷是变革能否成功的关键。只有对PDCA管理循环不停歇地运作，时时牢记回顾与改善，才真正可能将行动管理作为习惯，成为组织的"体质"稳定下来。

克服变革怪兽

变革途中，变革怪兽会以各种形态出现，阻碍变革发展，给变革者各方面的打击，干扰变革者的决心。到底应该怎么去对付它呢？

为了不造成变革途中的失败挫折感，首先需要了解一下变革途中可能会出现的各种"变革怪兽"，做好万全的准备。我们在帮助诸多企业进行变革时，曾经遭遇过"过去亡灵""滑头鬼""满点兽"等各种怪兽。（参看图表14）

图表14　如何战胜变革怪兽

闭门大仙

特点：将自己关入罐子里，拒绝与外界的一切接触。拒绝一些人参与到自己负责的项目中来。

经常说："这件事和我们部门没有关系""非常感谢您的建议，这是我们部门负责的事情，之后交给我们就好了。"

保守兽

特点：除非完全没有风险，不然不会做出任何行动，报告书都是完美的。尽管实际上是什么都没做，或者做的都是马后炮。

经常说："现在还不是时候，你们还缺乏有效的数据。"

马屁精

特点：无视客户需求，只关心公司内部的评价。凡事都以公司内部的要求为重，对公司内外发生的各种分歧视而不见。

经常说："董事会、公司上层对此反应都很好，继续努力！"

第六章　变革之后防止后退的经验谈

过去亡灵

特点：只要是前任领导定下的规矩，不管效果多么糟糕，坚决不插手不修正。

经常说："这是上一任总经理呕心沥血创下的基业，你们还反了天了！"

滑头鬼

特点：总有各种理由和借口，使用各种手段避免变革。

经常说："这个没有先例，而且工会也不会同意，何况现在很忙，派不出人手来做这些事。"

三不妖

特点：使用不看、不说、不听的三连招，一有风吹草动就缩起脑袋埋进草堆。

经常说："这种事情，说说就罢了，做起来是没有什么益处的。"

零点怪

特点：很擅长发现问题，但是从来不解决问题。

经常说："这件事怎么做都不可能成功，理由有五……"

BCG经营战略：成熟市场的销售变革

变革怪兽（包括冬眠中的）潜伏在每一家公司中，甚至有的时候，本来是可以领导公司变革的人选，忽然就被怪兽附身。被附身的人本无恶意，但只是因为遵从了自以为是的正义，就变成了怪兽。

要打败怪兽，把被怪兽附身的当事人调走是远远不够的，必须要找出本质的原因来。制定的"规矩"是不是相对的，不够清楚。是否对变革承诺不够彻底，决心不够坚决。领导是否有正确的危机意识。变革过程中的激励手段是否健全。通过对这些问题的追问，找到问题的本质。

接下来介绍一下工业品制造厂商Q公司与变革怪兽间惊心动魄的战斗。这家公司由于国内市场的成熟，客户国际化等诸多原因，成长速率变慢，收益逐步降低。尽管已经进行了好几次的代理店改革，但是效果依然不明显。最大的问题就在于存在着对改革通过各种理由阻挠的一种气氛。

通过对销售人员进行了一番关于销售员理解，意愿，能力等

第六章 变革之后防止后退的经验谈

的调查（RWA调查，下一节详述），发现很少有人认为自己以及所在部门必须变革。而很多人认为别的部门必须做变革。就是这样一种"他人原因论"在公司内蔓延。（图表15）

图表15

工业品制造厂商Q公司内RWA员工意识调查结果

公司必须进行变革，但是变革是其他部门需要变革，自己所在部门保持原样就可以。

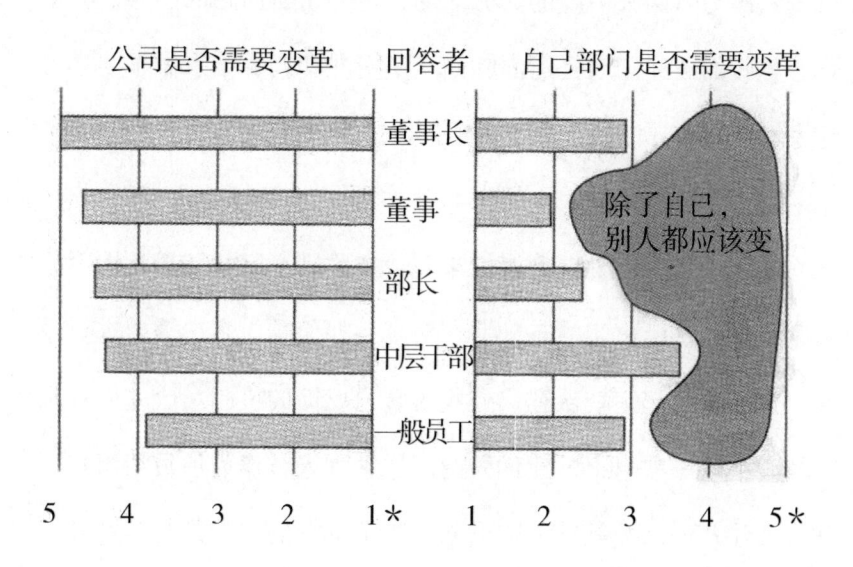

公司是否需要变革	回答者	自己部门是否需要变革
	董事长	
	董事	除了自己，别人都应该变
	部长	
	中层干部	
	一般员工	

5　4　3　2　1*　1　2　3　4　5*

这家公司的口号是"从客户的视角出发""保持挑战的态

度"，但是实际上到客户那里去调查后发现，该公司的作风是有限公司内部的评价，是一家很明显的内向型企业。

这样来看，这家完完全全的内向型企业，通过给自己找各式各样的理由来逃避改革，也就是"逃避怪怪兽"存在于这家公司。

为了打破这种局面，公司集合了所有的领导，在四个月内举行了六次为时两天一晚的交流活动，对公司所面临的问题进行了推心置腹的沟通。对公司面临的真实情况和调查结果做了共享，让大家统一了看法，在此基础上进行了本质性的探讨。

举例来说，以外向型指标来看，客户满意度的结果是惨不忍睹，在接受这一事实的基础上，对今后如何响应客户需要进行重新审视，建立起定期从客户处收集客户反馈的机制。成立以社长为核心的改革项目组，让优秀的高层管理人员作为项目组组长，并指名让几位高层领导参与进来。各个部分的领导都与公司社长签订契约，明确各个部门领导的权限，创造一种没有借口的工作氛围。

第六章 变革之后防止后退的经验谈

这样的机制建立一年之后,终于看到企业有了本质变化的苗头。尤其是一直只是一种形式而存在的销售会议上,出现了各种针锋相对的意见,有了激烈的争论,终于出现了客户导向的意见。

实施意识变革项目的注意要点

作为领导,必须要时刻思考以下几项问题,理清公司所处的状况和所面对的课题,并组织讨论研究对策,打开局面。

① 公司变革处在哪一个阶段

② 出现了什么样的变革怪兽,掉入了什么样的陷阱之中

③ 发生在组织的什么地方,严重程度如何

④ 该如何驱赶变革怪兽

⑤ 是否有必要稍微走一段回头路

对那些准备进行变革的组织来说,研究上述问题时,之前举的Q公司的例子中所提到的RWA调查,是一种有效的工具。运用这一工具,可以对组织整体面貌做一个快速的把握,可以了解组织中哪些部门、哪些课题是需要重点关注的。

RWA调查可以根据调查对象的人数、目的进行网络调查，或采用焦点小组、一对一面谈等多种形式，测定员工对变革的理解（ready），意愿（willing），能力（able）。聚焦以下列举的内容，既有与其他公司比较的通用型问题，也有根据自己公司情况设计的独有问题，从"完全赞同"到"完全反对"分五级或者七级来进行评价。

对变革的理解

员工是否已经理解且确信变革的必要性。员工是否感受到了来自外界的压力。员工是否理解公司就业绩所考虑的课题内容。

对变革的渴望

尽管员工对现状有危机意识，对将来感到不安，但是是否具备足够的变革意愿。是否理解为了变革，必须要改变的是什么，为了这些变革他们又需要做些什么。是否坚信变革的方案是可行的。

变革的能力

员工是否确信组织已经具备了变革所需要的技巧和工具。每个人的能力如何。员工是否确信高层已经下定决心开始变革。

让我们以W公司为实例，看看当时他们在变革曲线的停滞期是如何突破的。为了变革已经进行了大量的工作，然而却似乎是要竹篮打水一场空的时候，很多人都变得疲惫不堪，焦躁不安。为了明确问题所在，改善情况，进行了RWA调查。

"理解"的假设问答

- 我们今后五年都将陷入与竞争对手的激烈竞争之中。
- 竞争对手在产品、服务等方面都有了长足的进步。
- 为了生存下去，W公司必须对业务内容和业务流程进行大的变革。
- W公司的改革是基于对现实的真实认识，没有其他隐藏的目的。
- 自己所负责的部门业务必须得到变革。

"意愿"的假设问答

- 我理解W公司的愿景。
- W公司的愿景和公司是相匹配的。

- 我愿意加入到公司上层所决定的此次变革中。

- 我理解公司的愿景对我的工作会造成的影响，理解工作中需要去做哪些事情。

- 如果公司想要在激烈的竞争中取得胜利，那么包括我所负责的工作内容在内，很多事情都必须进行变革。

能力的假设问答

- W公司的员工们都已经具备变革的必要技巧。
- 各个部门的领导坚信变革能够成功。
- 一旦大的项目启动，那么W公司就能够坚持到底。
- 为了我所在部门能够达成目标，W公司会给予相应的资源支持。
- W公司内各个部门之间可以坦诚相待，进行直截了当的交流。

对RWA的调查结果进行分析和理解的时候，需要从定性定量两个方面来综合考虑。通过面谈等方式的定性分析，对现场的感情、感觉、阶段、干劲有一个整体的把握。而通过定量调查则可以了解整体的课题大小，对公司冲击的力度有所掌控。

第六章 变革之后防止后退的经验谈

我们通常会使用蛛网图（图表16）将RWA的三要素一目了然地表现出来。蛛网图中越靠近外围越是肯定，越靠近中心就是越否定。

图表16 蛛网图例

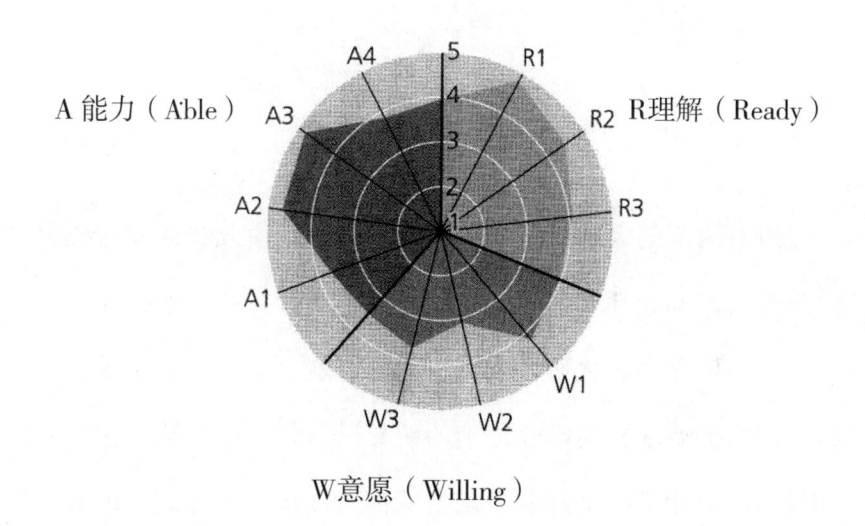

引用：BCG数据库

从W公司的调查图表中我们发现，作为员工个人来说对变革的理解度还是很高的，但是对公司整体是否做好了变更的准备，对公司高层是否下定决心改革都持怀疑的态度。

213

BCG经营战略：成熟市场的销售变革

从意愿来看，员工们认同公司的愿景，有意进行改革。但同时也怀疑公司制定的变革方案是否适合于本公司。

从能力来看，大家都相信自己有能力去做好变革，对变更持有乐观的态度，但同时担心资源分配不合理，担心上层领导朝令夕改。

所有的部门大致都得到了相同的结果，由此我们知道公司改革最大的问题在于公司高层的摇摆不定，对变革的担忧与害怕。找到问题关键之后，公司组织内部就接下来的交流沟通进行了严格的要求，与部长级别的领导进行积极的会谈，在大家都做出一定让步的基础上，以大家都可以接受的方式，迈出了变革的第一步。

通过RWA调查，找出了问题所在，进而就解决问题进行探讨。之后，还需要使用同样的方式，定期调查，以便了解"变革曲线低谷"是处在怎么样的局面中，组织变革中出现了什么样的"变革怪兽"。

第六章　变革之后防止后退的经验谈

早一刻发现问题，早一刻了解问题的严重性，就可以早一刻对问题进行妥善的处理。有时候也需要放慢变革的脚步，走一段回头路，微调变革的方向，不能让变革成为一次性的，走过场式的。要通过变革将新的方式方法思想成为组织的一部分，提高组织的能力，让组织焕发出新的活力。

第七章
引导销售TQM走向成功的领导力

■灵活的指挥官，强硬的领导风格

变革，是为了实现企业本来的价值，销售现场的一切行动都是为此而变。能够让组织发生如此彻底的变化，让组织全体执行的关键，在于领导力。在组织内创立新的销售战略，推进改革，需要两种领导力，一是主导改革的"现场指挥官"的领导力，另外一种是对指挥官予以大力支持的公司顶层领导力。

销售TQM是要改变每一个和销售相关的人的想法和行动，引入能够成为组织新的原则原理的"型"。销售TQM的引入会伴随很多意想不到的状况，这些都需要现场指挥官去勇敢面对。

顾客的抵制、竞争对手的攻击、突发情况等外部因素暂且不提，对变革的抵触、不和谐的声音、士气受挫等内部因素也会出现在组织内部。此时推进销售TQM就必须明确哪些是必须要改变的，而哪些是绝对不能改变的。

第七章　引导销售ＴＱＭ走向成功的领导力

举例来说，某公司的产品价格暴跌，不管从公司的角度还是从客户的角度，长期看来这都不是一件好事，公司计划对价格进行合理的调整。但之前也有过类似的尝试，但最终以失败告终。

之前失败的原因在于不同的地区管理上存在不均衡。既有按照公司要求实行全国统一价格的分公司，也有一部分因为受到客户强大的压力没有能够完全遵守总公司规定的分公司。结果导致不同区域存在差价，一些大客户了解到这一情况后勃然大怒，要求降价，结果搞得整个公司鸡飞狗跳。那些严守公司制定价格的分公司受到了客户的大量投诉，到最后价格一降再降，价格调整可以说是一败涂地。

只要有一个地区，或者哪怕只对一个客户给予了特殊的待遇，那么一切尝试都将付诸东流。

销售TQM成功的一大前提是决定下来的事情就要切切实实地执行。不能有一丝一毫的偏差。一旦允许了例外的产生，那么苦苦经营起来的战略、战术、组织的"型"就会在一瞬间分崩离

219

析。企业应当从失败中吸取教训，全公司上下一心，要做就要做到彻底。

变革伴随着风险，有选择就有放弃。一家公司提高了售价，出货量立即大幅下跌。这是因为经销商手里还压着很多的货，价格一提经销商就没有再进货，但变革的领导坚信产品是具有相当竞争力的，只要熬过这三个月，出货量就一定能够恢复。

事实果然如变革组领导所料，提价之后，产品价格逐步步入正轨。起初在最终消费端是有一些销量的下降，但是一两周之后，销量就开始一点儿一点儿恢复。经销商这边采购量依然很低，然而变革组领导坚持己见，努力说服高层及同僚们坚持一段时间，终于等到情况好转。三个月之后，销量回到正常水平，收益率得到大幅改善。

和这位现场的领导一样，能够力排众议，坚持既定方针，这种勇气在变革中是非常重要的。如果要说现场指挥官必须要有的资质的话，非"洞察力"、"决断力"、"忍耐力"莫属。变革实践中常常需要妥协，但也不是一味地避让，更多时候在面对一

第七章 引导销售ＴＱＭ走向成功的领导力

些负面的因素时，找出其实质，然后突破他们即可。

市场无时无刻不在变化，就上面这个例子，如果最终消费者的需求真的就一路下滑没有恢复的话，那么就需要临机应变，对战略进行修正。因为如果销售量一直不能够恢复，则说明该产品并没有那么大的产品魅力，并没有得到消费者的青睐，如果继续这样下去的话，就会失去更多的市场份额。如果现场出现的变化和当初的预想出现了偏差，那么一旦继续将错误进行下去，就会出现更多的问题。所以并不是要固执地坚持己见，而是要根据情况，做出正确的判断，随机应变不断进行调整。

有些我们曾经以为正确的东西，也有可能是错误的，及时快速的修正是非常有必要的。一种常见的错误是建立了一种模式，然后就拘泥于这种模式，然后忘记了本来的目的。伴随着时间的推移，一种"型"确立起来，其中内在的思想逐步被风化，变成只留下形式的空壳。结果变得只是按照说明手册上要求的到客户那里进行一问一答的工作，然后只关注如何投机取巧完成行动KPI。

为了防止销售TQM流于形式,为了销售TQM可以不断发展,现场的指挥官必须一直密切关注周围的变化,切记不能失去了最开始的目的。既要坚持变革,又要防止和周围的环境对立起来,更要坚持初衷不改。

■高层"教父"的作用

销售TQM不光光是销售一个部门的事情,更是公司高层需要强力支持的课题。一旦决心开始变革,那么要么就亲自上阵,要么就要给予任命的现场指挥官以巨大的支持。高层的想法稍有动摇,那么所有的变革都将受到巨大的挫折。一旦中途放弃就会给现场造成不可挽回的巨大冲击,现场变得混乱不堪,怀疑不信任的气氛就会弥漫整个公司。如果不能下定决心做到底,那么还不如一开始就不要去做。

大多数的销售变革是为了降低无谓的促销费用,变更销售的手法。同时会尽量避免风险,会去变更那些相对容易变革的地方,换言之就是部分的,或者一次性的变革。因为销售的价值概

第七章　引导销售ＴＱＭ走向成功的领导力

念并没有被重新定义，员工行动的结构也是和之前一样，所以说非常容易在经过一段时间之后回到原来的状态。离能够建立长期竞争优势的变革还差十万八千里。

销售TQM改变的不仅仅是公司的整体的结构，还要从思想上进行改造。不仅仅是要改变每一个人的行动方式，更要改变所有人的价值观，并且要将这些，作为体系、作为公司的"型"固定下来。一般的销售变革也不是很容易的事情，而销售TQM是要把一切都推翻了重新建立，所以绝对不能用头痛医头、脚痛医脚的态度来对待。如果对以前制度姑息纵容，想左右逢源两头讨好抱着这种首鼠两端的态度是没有办法取得成功的。

销售TQM进行的时候，对高层最为期待的就是有如黑帮电影中的"教父"一般的人物的支持。"这小子可以，他办事我放心"，类似这样的支持，可以让现场的指挥官能够放开手脚大胆整顿，可以发挥出能够将"变革怪兽"轻易扫除的领导力。

特别是高层的领导需要注意以下几点：

① 用人不疑，给人充分的资源和权限

② 给变革者坚定的支持

③ 对过渡期睁一只眼闭一只眼

④ 无视那些捣乱分子

⑤ 称赞做实事的，批评说空话的

① 用人不疑，给人充分的资源和权限

销售变革不能被各种各样的借口所蒙蔽，不能因为受到各式各样的反对而退缩，销售变革要迎难而上，披荆斩棘方可成功。销售变革之中，具备忍耐力和执行力的指挥官不可或缺。一旦选定指挥官的人选，就必须给予百分之百的信任。在变革的途中如果有一些曲折坎坷，那么也不要立即就跳出来对指挥官表示怀疑，指指点点，乃至插手变革事务，这种不能体现充分信任的行为，将会给指挥官以及周围的人带来压力及不信任的感觉，从而给变革带来阻碍。

② 给变革者坚定的支持

变革的领导者在前线冲锋陷阵，然而位居高层的支持者的信心发生了动摇，变革就难免走向失败。尤其是把变革的领导者推

第七章　引导销售ＴＱＭ走向成功的领导力

向孤立无援的境地是最不可取的。一旦高层的领导在变革进行途中做出釜底抽薪这种前例的话，失去的不仅仅是变革领导者一人的干劲与信任。改革途中受到来自高层原因的阻碍之后，即便之后想要重新来过也是很难实现了。

③ 对过渡期睁一只眼闭一只眼

引入销售TQM的初期，经常会出现工作运转率下降，业绩下滑这些的现象。尤其业绩下滑的时候，很多人就会说："这个变革真的可以吗，是不是该适可而止了？"由于业绩下滑，各种流言蜚语就会接踵而来，一旦听信了这些流言就会要求变革做出后退让步，以致于最后将变革扼杀。这种时候如果能够忍一忍，睁一只眼闭一只眼，让变革者将变革进行下去，那么之后就是另外一番天地了。

能够抗得起短期的业绩下滑和风险的高管，才能真正被称为高管。实施销售TQM的一个必须条件，就是需要有能够放弃眼前的蝇头小利，能够关注如何健全的形式推进改革，具有强大忍耐力的高管。

④ 无视那些捣乱分子

销售TQM开始实施的时候，有些人就会直接跑去高层领导那里打小报告，因为在新的评价体系下，这些人会认为没有得到适当的评价，这时候的高层领导一定要做到充耳不闻。有时候有些老客户们也会直接打电话给到公司高管，高管们要切记一定得沉得住气。

如果高管一旦把"虽然销售TQM看上去不错，但是是不是可以考虑一下对象和进展的速度"或者"对你们变革的评价很不好嘛，到底行不行"这一类的话说出口，那么销售TQM基本上就已经是失败了。

如果高管说，"不管别人说什么都不要理会他们，我会支持你们的"，那么变革的指挥官不仅会更加努力，还会和高管一起商量如何化解那些抱怨。

⑤ 称赞做实事的，批评说空话的

在新的方式方法下，每当取得一点成果时候，无论大小，请

第七章　引导销售ＴＱＭ走向成功的领导力

立即给予称赞，这就是向整体组织发出一个积极的信号。

销售TQM展开的时候，会涌现出很多之前被埋没的人才。能够贯彻循环验证的思维方式的人，在得到销售TQM这一利器之后，能够带领部下迅速成长起来。

某个公司的老板在定期召开的销售TQM管理会议上，每当了解到有员工做出了成绩的时候，就一定会要求了解到员工的姓名和部门，然后专门发邮件给员工予以鼓励。这位老板以严肃不苟言笑而出名，但是现在忽然给员工们发鼓励信。收到信件的员工们都非常惊异，也都深受鼓舞。而老板发鼓励信的传闻很快传遍了整个公司，让销售TQM推行的氛围为之一改。

同时，也有一些人尽管取得了不错的成绩，但是他们并没有按照销售TQM来行动，而是自行其是，这种情况下，高层领导必须以严肃的态度对他们予以批评。如果对这些人给予奖励的话，那么现场就会迷惑：到底上层想要的是什么？这样就会对变革产生怀疑。高层必须从始至终保持态度的延续性。

开弓没有回头箭，一旦迈出销售TQM变革的路子，那么就一定要坚持下去。只有相信变革，坚持做下去。只有高层管理下定了这样的决心，才能够让组织朝着良好的方向发展，只有高层管理有这样的勇气和决心，变革才有可能成功。

■确立只有我们公司才有的原理原则

在日本经济高速成长期发展起来的日本企业的销售组织，和本书中所述的销售组织是完全不一样的。那时候的销售组织更多的是强调师傅带徒弟的，通过优秀的老销售传授销售的经验成长起来的。不是说这些方法不好，只是时代变了，这些方法已经不适合现在的市场环境了。现在需要的是通过公司全员发力，塑造出公司的"型"来。塑造公司的"型"，行动是一个壳，思想才是内涵，要让公司形成新的统一的思考模式。

销售TQM所重视的是创建假说，验证假说，发现问题所在的思考模式。要找出问题本质所在，就需要使用一些有效手段。让思考流程和行动流程并驾齐驱，快速运转成为组织持续变强的源

第七章　引导销售ＴＱＭ走向成功的领导力

泉。为了达到这一目的，需要把每周一次循环的这种形式根植于组织内，每周一次循环与每月一次循环相比较，组织进化的差异是巨大的。

我们波士顿咨询公司在进行诸多项目的时候，针对各个项目也是每周一次的小组会议。每次会议得出结论，我们都会一次又一次地进行循环验证，在一次次循环之后最终得出最佳的结论。哪怕时间有限，也是要将这样的循环进行几遍，用来提高结论的质量。

在不断提高认识的同时，将创建出来的模式进行不停的循环，将其成为组织的一部分的时候，组织的优势地位和不可模仿性才被刚刚创建起来。行动KPI，只是一种管理方法，是任何人都可以在办公桌上编写出来的，但是一家具备自己独有"型"的公司，不是谁都可以轻轻松松追得上来的。因为将思考流程和行动流程同时高速运转，公司的思想和行动处于不停地进化中时，不是其他人可以轻易模仿的。

丰田的看板方式和改善模型，数不清的公司都在模仿，但是现在的丰田依然是业界的龙头，没有被超越。因为丰田一直处在进化的路上，永远都比其他公司快那么一两步。为什么丰田的连续五个"为什么"那么有效呢，因为通过连续五个"为什么"的追问，可以挖掘思想的深度，帮助组织的力量不断得到提高。

提高每一个销售的思考能力，创建思考型的销售组织，这才是销售TQM的本质，是帮助日本企业在未来获得竞争优势的源泉。

销售TQM是要将企业获得及保持竞争优势的源泉体系化，是要将组织的力量发挥出来，是需要组织做些什么，需要销售个人去思考一些什么都明确出来。是将企业的所要的原则原理包含在其中。销售TQM不是普遍性的理论，是需要在深刻了解自己所处的市场的位置、资源、特点、长处的基础上，对最应该优先考虑什么，应该怎么去执行，进行彻底的分析。销售TQM是企业长期存在发展，保持优势地位的源泉所在。

结束语

本书中描述的"改变销售模式的企业"都是真实存在的例子。这些公司下定决心改变一直以来的与客户的关系相处模式，销售的固定观念，这是需要冒着巨大的风险，但也正是由于他们不畏风险，勇于改变才获得了新的竞争力，将胜利的果实牢牢握在了手里。

本书写作的契机在于将我在协助企业进行销售组织变革，为企业做咨询时候切身体会到的"引导销售变革走向成功的方程式"，让我感到必须以某种理论的形式表达出来。本书是对为了销售变革，从战略构建到实践，到稳固这个过程以思想化、体系化进行挑战的产物。

BCG经营战略：成熟市场的销售变革

在我协助企业进行销售变革的时候，常常感到这里有着和电视剧一般精彩的故事，让人感动不已。

这些企业都是有着悠久的历史，积累了大量成功的经验。这些公司中很多销售员工，都是坚信公司一直以来的理念，不管在多么艰辛的条件下也是坚持着自己的原则，努力工作。但也可以由此说，这些销售组织也是因此而最僵化、最难以变革的组织。

但就是这样的组织，从自身的存在意识，销售组织对客户的中介价值，提出了正面的疑问；重新定义自己的价值，下定决心改变一直以来的行为规范，通过变革获得新的竞争力，让古老的企业焕发出新生。这一过程比电视剧还要精彩。

作为企业顾问，我从经验中可以感受到，不光是销售组织的变革，关系到众多人员的企业变革永远是困难的。因为每一个人都会有自己的感情，每个人都有着自己的生活体验，工作经历。每一家公司所要面对的客户和竞争环境是不同的，而每一家公司也都有诸多固有的行为习惯。

结束语

但是，在工作的过程中，我也感受到，是存在着一种引导企业变革走向成功的原理原则的。不是一种说说而已的"正确的道理"，而是一种细致而且可以构筑起强有力战略的思想，一种手段。为了可以将这种思想体系化地表达出来，以便帮助到那些下定决心将要进行变革的企业，我动手写作了本书。

作为咨询师，为了可以提出最为合适的方案，我会深入了解这些公司在行业中的地位，他们的组织能力，公司的历史，以及一直以来的竞争优势等方方面面。作为一名作者，我需要对各种表象、各种经验付诸纸面将其系统化。作为一名作者与作为一名咨询师，所要考虑的东西是完全不同的，写作过程的艰辛远超乎了预想。但我是非常想将这部作品献给大家，尽管我的拙作还不算成熟，但是希望可以帮助到那些下定决心开始销售组织改造的人们。

本书得以完成，受到了很多人的帮助。

首先要感谢钻石社的岩崎卓也先生、木山政行先生，然后还要感谢Adelie出版社的渡部典子女士，他们从本书的策划到成稿后的推敲修改都给予了极大的帮助。此外，还要感谢将本书以文库版发行制作的日本经济新闻出版社的赤木裕介先生。没有上述诸位的鼎力支持，本书是无法与读者见面的。

尤其要感谢的是作为本书中主角的，为本书提供了丰富素材的，并且还在销售组织变革中奋战着的再春馆制药所、尤妮佳、瑞可利，已经不方便透露公司名的某大型汽车销售商A公司的诸位。此外还要特别感谢再春馆西川正明社长、尤妮佳高原豪久社长以及二神平副社长、瑞可利招聘竞争研究室的利卷口隆宪室长的指导与协助。

本书的完成也得益于我在和诸多其他客户的会谈，以及和众多其他客户共同工作的时候所获得的宝贵经验，虽然不能在这里一一将所有人的姓名写出，但也请接受我诚挚的谢意。

非常感谢BCG的编辑满喜友子女士，从本书构思到完成提供诸多宝贵建议。感谢秘书小野泽由子女士帮助安排日程。另外还要感谢BCG的合伙人以及和我一起做咨询工作的同事们，这本书

结束语

中的内容都是大家一起工作一起思考所得来的。不能将每一位的名字都写下来，但我从内心感谢每一个人。

改变一个组织是一个巨大的工程，需要下很大的决心，不然就没有办法实现。但是要创造出给客户的价值、要找到销售的存在意义、要明确销售的中介价值就必须让变革的齿轮运转起来，只有打破旧的框架，组织才会有新的希望。

变革的第一步就是不怕改变，打破固有观念。

衷心祝愿本书可以成为诸位读者为了美好明天而迈出销售变革第一步的指南。

让我们朝着美好的明天前进吧！

二零一六年四月

波士顿咨询公司 日本代表

杉田 浩章